仏教の

生[illegible]

仏教ってね、
死んだ後のことよりも、
生きてる間のことを言うてるみたいですよ

はじめに

アインシュタインが、難しい難しい相対性理論を発表してから一〇〇年、レオナルド・ダ・ビンチが、不思議なモナ・リザを描いてから五〇〇年、紫式部が『源氏物語』を書いてから一〇〇〇年、ムハンマドがイスラム教を説いてから一四〇〇年、イエス・キリストがキリスト教を説いてから二〇〇〇年、お釈迦さんが仏教を説いてから二四〇〇年くらい経ちます。

地球上では、なんやかんや偉業がありますね。二四〇〇歳以上の人がいたら、これら全部を見てきたかもしれません。二四〇〇歳以上の人は見当たらないですが、鶴は千年、亀は万年と申しますから、全部見てきた亀はうじょうじょいるかもしれません。鶴はぎりぎり紫式部を見たかもしれません。

そこで、お釈迦さんに会った亀を捕まえて、直伝の仏教話を聞かせてもらったら有意義だろうなあと考えてみたんですが、残念ながら、亀は人間に比べてめちゃくちゃ頭が悪いので、参考文献になりません。また、亀はわりとどんくさいことをしますし、競走をしても抜群に遅く、うさぎの怠惰によらなければ勝てません。このように、ドジでノロマな亀がスチュワーデスになるという物語を観ていた時からは、三〇年くらい経っています。

若い世代の方々、分からなかったらすいません。そういうドラマがあったんです。そこで「スチュワーデス物語」を知らない方々には、顔がボロボロになったアンパンマンを想像していただき、その名台詞《ぜりふ》「力が出ないよお」が、「ドジでノロマな亀だよお」に豹変《ひょうへん》した雰囲気を想像していただきたいと思います。そういう名台詞があったんです。

三〇年の八〇倍で二四〇〇年です。「スチュワーデス物語」とお釈迦さんが、たったの八〇倍で繋《つな》がりました。アンパンマンが絵本として登場したのは今から四〇年ほど前らしいのですが、四〇年の六〇倍で二四〇〇年となります。もっとたったの六〇倍で、アンパンマンとお釈迦さんが繋がりました。

つまり、ずっと繋がっているんです。大昔と今は個別のものではなく、同じ蔓《つる》のように繋がっているんです。亀の頭と手は別々に出てるけど、甲羅の内部では繋がってるようなものです。また、今ここで述べた内容は、この本の第二章に繋がっています。

一つ一つのものが本当に個別なものであるなら、それらは繋がりません。この文をひっくり返すと、本当に個別のものなどなんにもないから全部繋がっている、という美しい表現になります。

これを掘り下げると、本当にそれそのものとして存在するものなど一つもなく、全ては因縁《いんねん》によって変化しているにすぎないのだから、本当に存在しない単体にばっかり執着する心を捨てよ、そしたら苦しくないよ、という難しい表現になります。これが、だいたいお釈迦さんの言うてはったことになります。

「因縁」が出てきました。仏教では大事な言葉です。

転《こ》けたから怪我した、みたいなことが因縁やと思ってください。怪我したからバンドエイド貼った、みたいなことやと思ってください。バンドエイド貼ったから、バンドエイド剥がした時に、皮膚ってこんなに白くなるんやと思った、みたいなことやと思ってください。二四〇〇年前にお釈迦さんがすごいことを悟りはったから、二四〇〇年後の今、漫才師のこいつはこれを書いとるんや、と思ってください。

申し遅れました。どうも、笑い飯の哲夫です。

ほな、これを書くのがなんでお前やねん、となる読者の方々もいらっしゃると思いますので、ちょっとだけ説明します。

子供の時に、お坊さんが唱えてはるお経を聞いていて、なんか意味わからんけどちょいちょいかっこええ発音のとこあるなあと、密かに思ってたんです。そう思ってることが、ブサイクな女の子を密かに好きになったことくらい恥ずかしかったんです。お経のこと好きな子供って変でしょ。それでもずっと興味津々だったので、大人になっていろいろ調べてみたら、仏教自体がおもしろくて、奥深くて、より一層好きになったんですよ。なんか、人は死んだらどうなってとかよりも、もっと崇高な、生きてる間の哲学っぽいところが仏教にはいっぱいあったんですよ。

でも、お笑いの仕事を始めてからは、やっぱり硬いイメージがあるから、ずっと仏教好きを隠してました。でもある時、番組の企画で「抜き打ち荷物チェック」というのをされて、般若心経《はんにゃしんぎょう》を写経したメモ帳を発見されたんです。

そこから、仏教好きをいじられるようになり、仏教系の仕事をもらえるようになりました。前にも、『えてこでもわかる 笑い飯 哲夫訳 般若心経』という本を書かせていただきました。おかげさまで、いろんなところで仏教講座もさせてもらうようになりました。そんな流れでこれを書かせてもらっています。

お坊さんが言わはるような立派なことはもちろん書けませんから、あほみたいなこと、分かりやすいことを書いています。ですから、亀みたいな頭のやつが書いとるんやと思って、寛大なお気持ちで読んでください。亀なりに、お釈迦さんのことや、お寺や仏像のことなどいろいろ触れさせてもらいました。あと、おお、なるほど、今度居酒屋で飲んでる時に使お、みたいな雑学話もできるだけ入れてみました。ぜひお友達に、仕入れた蘊蓄《うんちく》を試してください。

それでは、この本を読み終わって、仏教をよりよく理解された読者のみなさんが、めちゃくちゃ楽しい生活を送られることと、ひけらかし人間にならないことを祈っております。

ブッダも笑う仏教のはなし　目次

第二章 仏教はこんなこと言ってはるんです

第三章 日本の仏教ってこないなってるんです

第四章

笑い飯 哲夫流 ブッダも笑う仏像とお寺の話

第五章 仏教ってこんなところにもあるんです

装　丁／ナカグログラフ（黒瀬章夫）
写　真／藤谷勝志（studio flower）
編集協力／乙部美帆
　　　　　新井　治（株式会社よしもとクリエイティブ・エージェンシー）
ＤＴＰ／山中　央
編　集／梅田直希＋黒川可奈子（サンマーク出版）

第一章

仏教はここから始まった

――お釈迦さんってどんな人なん？

お釈迦さん？ ブッダ？ 仏さん？ 仏教開祖の名前がいっぱい

ズボンはズボンでいいと思うんです。なんで服屋の人はパンツって言いたがるんでしょうか。「このパンツ、最近入ってきたとこでね」と近づいてこられたら、今でこそ瞬時に、これはズボンのことを言うてるんやな、と理解できるようになりましたが、前は、「このパンツ、最近入ってきたとこでね」なんてことを言われたら、あれ、下着かいな、と思ったもんです。こっちは「パンツ食い込んでるわ」の表現方法で、専らパンツを使いこなしてきたわけですからね。圧倒的に下着がパンツなんです。

店の棚にたたんで置いてあるズボンを指して、「これは長ズボンですか、半ズボンですか」と聞いたら、「これは長ズボンですね」と素直に答えてくれたらいいのに、「これは長い丈のパンツですね」と言い換える服屋もいます。もちろん、うわあ、意地でもズボンて言わへんねやあ、と心の中で笑っています。「長ズボン」に比べて「長い丈のパンツ」なんですよ。この時点で、人生における貴重な時間を、四文字分も損していいるんです。

しかし、そこまで憤慨はしていません。人それぞれ、好きな言葉、表現方法はあるものです。その個性をほどよく認めています。前出の服屋がズボンをパンツと呼び、そして下着のパンツをチンゲと呼んでいても、それは個性であると思います。

個人的には、「服屋の人」「服屋の店員」などの人を指す表現を、「服屋」と言い切るのが好きな技法です。「必殺仕事人」の主役である中村主水《もんど》が、三味線屋の勇次を呼ぶ時、「おい、三味線屋」と雑な感じで言うんです。あのシーンが忘れられないんです。

また最近は、ズボンをパンツでもなく、ボトム、なんていう言い方をする服屋もおります。一着しか買わへんのに、ボトムスと複数形にしてくれる服屋もいます。さすがにそこまで言葉を変遷されると、ズボンと言うだけで大昔の人間みたいになります。

つまり、ある物体に特別興味津々な人間は、それに新たな名前をつけ、結果的に細分化した呼び方を広めるんですね。シルクハット文化の英国人は、帽子に興味津々でしたね。だから、日本では「帽子」でまとめられるところを、「ハット」や「キャップ」などと使い分けるんですね。帽子についているつばの量が違うだけで、それ自体の名前が変わるんです。どんだけ帽子に興味津々やねんと思いますよね。その点日本人は、様々な音色を聞かせてくれるあの気体に興味津々だから、へやおならなどと使い分けるんですね。

仏教が広まってる国はいろいろありますが、やはりそういう国では、仏教の創始者であるお釈迦さんに興味津々なので、いろんな呼び方や表記をします。お釈迦さん、釈迦、釈迦牟尼《むに》、釈迦如来《にょらい》、釈尊、カタカナのシャカ、ブッダ、漢字の仏陀、仏《ほとけ》、仏さん、古い字の佛、ゴータマ・シッダールタ、ゴータマ・シッダッタ、ガウタマ・シッダールタなど、様々です。これだけあるわけですから、今まで生きてきた仏教国の人々が、いかにお釈迦さんに興味があったかを知ることができます。

「釈迦」にはトヨタ的な意味がある

では、全て同じ一人の人物を指すこれらの名称に、それぞれどんな意味合いが含まれているんでしょうか。

まずは「お釈迦さん」です。お釈迦さんの「お」は、尊敬の意を表したり、丁寧に、または上品に表現しようとする気持ちを表しています。そして「釈迦」なんですが、これはとても大事な言葉になりますので、ちょっと長めに説明します。

仏教の創始者であるお釈迦さんは、紀元前五世紀頃に、インドの北部で生まれはったといわれています。ネパールとインドの境界くらいのところだと思ってください。古代のインドは、いくつかの国に分かれていて、それらの国々にいろんな部族が暮らしていました。この「釈迦」というのも部族の名前で、お釈迦さんはシャカ族の人だったんですね。しかも王家の人だったんですね。シャカ族の一番偉いさんの家の子だから、シャカなんですね。トヨタグループの偉いさんが豊田さんみたいな感じです。

また、古代のインド語をサンスクリット語といいます。お札などに書かれている梵《ぼん》字《じ》が、そのサンスクリット語です。シャカというのもサンスクリット語で、正確にはシャーキャと発音するそうです。シャーキャという発音が中国に伝わって、そこでこの音に中国語である漢字を当てはめて、「釈迦」となったわけですね。この行為を音写といいます。

「ランデブー」というスナックをしばしば目にします。店の前に置いてある看板を見ると、「ランデブー」とそのまま書いてあるランデブーもあれば、「蘭de舞」とおしゃれに書いてあるランデブーもあります。この「蘭」と「舞」が音写であり、「de」がローマ字変換です。ですから、看板に「蘭出舞」と書いてあれば、完璧な音写となります。

ではここで、問題を出します。なんの音写をしてるか当ててみてください。「楼流華別山」です。さあ、分かりましたか。「華」を上手に読むのが味噌《みそ》になってきます。ヒントは華奢《きゃしゃ》です。それでは正解を発表します。正解は、「ロールキャベツさん」です。

お釈迦さんの話に戻りますと、「さん」は敬称です。お母さん、お日さん、おいもさんなど、「お」から始まって「さん」で終わるのは、最高クラスの敬語です。これで、「お釈迦さん」の説明は終わりました。

次に「釈迦牟尼」です。「牟尼」の部分ですが、これもサンスクリット語で、その発音を中国語に音写したものです。女の子の柔らかい二の腕を触って、ムニムニやあ、と思ってしまうのは人間なら仕方のないことですが、ここでの意味は、聖者や仙人や修行者のようなものになります。ですから、シャカ族のシャカは聖者だと讃えているわけです。

続いて「釈迦如来」ですが、「如来」というのがまた詳しい説明のいる語句なので、詳しく説明します。

お寺の仏像にはランクがあって、その最高ランクが如来です。如来と同じ意味の言葉が、仏です。これは、悟り切っていて、煩悩が全くない状態のことを表しています。煩悩とは、欲望みたいなもんだと思ってください。つまり「釈迦如来」とは、シャカ族のシャカは最高だと讃えているわけです。

「釈尊」は、お釈迦さんの尊称です。熊谷先生のことを、「くません」と呼ぶのに似ています。

悟った人なら誰でも「ブッダ」

「ブッダ」は、悟った人という意味です。またこれもサンスクリット語で、中国語で音写すると「仏陀」になります。なので、悟った人なら誰でもブッダなんですが、一応お釈迦さんだけがブッダと呼ばれることが多いです。

「仏」は、如来のとこで説明しました。

「仏さん」も、大体で理解していただきます。

古い字の「佛」も、先に古い字と説明してますから、書くことがありません。

続いて、「ゴータマ・シッダールタ」ですが、これがすなわちお釈迦さんの本名なんです。金八先生、金ぱっつぁん、坂本先生、坂本金八、海援隊のボーカル、などいろいろあるけど、結局武田鉄矢さんだ、みたいなことです。

中学の社会科で、初めて宣教師ザビエルのことを習いました。脳天に穴があいてるザビエルの挿絵が衝撃的で、楽々その名前を覚えることができたのでした。しかし、高校二年の時、再びあの衝撃的な挿絵を見つけようと、分厚い世界史の教科書をめくると、そんなことより驚愕《きょうがく》の文字を目にしたんです。なんと、「ザビエル」であるはずの表記が、「シャヴィエル」となっていたんです。笑いが止まりませんでした。

その体験によって、外国語の発音なんていうのは、きっちりと日本語のカタカナでは表し切れないことを理解したのでした。

「ゴータマ・シッダールタ」も、「ゴータマ・シッダッタ」も、「ガウタマ・シッダールタ」も、サンスクリット語の発音をきっちり日本語にはできないから、いろんな表記があるというわけです。

それにしても、一人の人にいろんな名前があるのって、渋くないですか。また、それらの名前が同一人物のものだと気づいた時って、ちょっと感動しませんか。例えば、松任谷由実と荒井由実が同一人物であるとか、パッパラー河合と女王様が同一人物であるとかです。それが高じて、勝手にデーモンの正体はカールスモーキーだと推測して、にやついている時期もありました。トランプマンの正体はマリックだと推測したこともありましたが、その推測はすぐに崩壊しました。

生後七歩で「天上天下唯我独尊」と宣言する

先ほども述べましたが、お釈迦さんは王家の人だったんです。なんとなく質素なことを奨励してそうな仏教ですから、その祖である人も、貧しいめの出身かなと予想するのは仕方がないことだと思います。でも王家の人なんです。だからこそ、気づけることも多かったんだと解釈してください。

シャカ族は、コーサラ国という大国に属する小さめの部族でした。そこがなんかいいでしょ。でかくて威張ってる国の王子ではなく、小さい部族の王子だったんです。でかくて威張ってる国の言うことって、俗世間に浸透しなさそうですもんね。

そんな境遇で、お釈迦さんは四月八日に生まれます。この「しがつようか」は、壊れることを意味する「お釈迦になる」という言葉の元になっています。諸説ありますが、一番好きな説を紹介させてもらいます。

九州地方の陶器を作る職人さんが、陶器を焼く時、火が強すぎてその陶器が割れて壊れてしまった時、「ひがつよかあ」と愚痴を言ったそうです。この「ひがつよかあ」は「しがつようか」に似ているので、壊れることをお釈迦さんの誕生日に合わせて、「お釈迦になる」と言いだしたそうです。何度も述べますが、諸説あります。

さて、生まれてすぐのお釈迦さんが、七歩歩いて、「天上天下唯我独尊《てんじょうてんげゆいがどくそん》」と言ったのは有名な話です。ヤンキーの刺繍《ししゅう》にもある言葉です。単純にこの文言で想像するのは、「この世界で自分一人だけが尊い者だ」というニュアンスですよね。でも、王家の赤ちゃんだから偉そうにそう言ったわけではないんですよ。残念ながら、ヤンキーが思ってるのとは違う意味なんですよね。かっこいいから刺繡したいのは痛いほどよく分かります。もし体にタトゥーを入れろと命じられたら、絶対この文言を行書体で入れます。全身に入れまくります。

この言葉の正式な意味は、「この世にただ一人の人間として生まれてくるのは、みんながそうなのであり、ならばみんなが尊い者だ」みたいな感じだと思ってください。こう思うことによって、喧嘩《けんか》なんてする必要がなくなるでしょ。みんな尊いから、どうにもこうにも殴れないんですよ。喧嘩しがちなヤンキーが、意味を履き違えたスローガンを刺繡して、紆余《うよ》曲折の後に正しい意味を知ったなら、そのヤンキーはコンビニの前を掃除するんだろうと思っています。考えてみると、コンビニの前を掃除しているヤンキーが、まだ「天上天下唯我独尊」と刺繡された服を着ていたら、とても好感が持てます。

「お兄ちゃん、偉いなあ。この刺繡の意味知ってるから、掃除してるんやんなあ」

「はあ、なんやこら」

「いや、その」

ちなみに、福沢諭吉の『学問ノススメ』は、「天は人の上に人を造らず人の下に人を造らず」という有名な一文から始まります。本当は、「天は人の上に人を造らず人の下に人を造らずと言えり」まであります。この「言えり」が割愛されるせいで、これもそこそこ誤解されてる言葉なんですね。

これは、福沢諭吉が当時の国民に、厳《いか》ついことを切り出した言葉だったんです。直訳すると、「天は人間を平等に造ったと言われている」となります。でも実は、この裏の意味が福沢氏の示すところなんです。つまり、「元々天は人間に格差なんて植えつけたくないのに、人間全員がちゃんと学問をやってるわけではないから、賢いやつとあほなやつに分かれてしまったんだし、どう考えても賢いほうがいい生活ができて、あほなやつが貧しい生活になるんだから、お前らちゃんと学問しとけよ」みたいな意味なんですね。

また、「ヴ」を作ったのは福沢諭吉だといわれています。「ブ」の発音に似た発音の、「ヴ」という表記を作ったわけです。これもつまり、外国語の発音にきっちり当てはまる日本語なんてない、というところからの発想なんでしょうね。こんな偉業で日本にムーヴメントを興したから、何年も一万円札になってるんですね。

「ブッダの顔も三度まで」で出家する

子供の頃のお釈迦さんは、先述の通り王家のお坊ちゃんですから、やはり裕福な暮らしをしていたようです。ただお釈迦さんのお母さんは、お釈迦さんが生まれてすぐに亡くなりました。そんなこともあり、お釈迦さんは幼少期から感受性が強く、なにかと思い悩むことも多かったそうです。

一六歳になったお釈迦さんは、なんと奥さんをもらいます。意外にも、お釈迦さんって結婚してたんです。してなさそうですよね。しかも、三人の女性と結婚します。子供も儲《もう》けます。意外ですよね。

意外といえば、エベレストの頂上部は、元々海底だったというのも意外です。インド半島とユーラシア大陸は、初めはくっついてなかったそうで、プレートの移動でぐいぐいインド半島がユーラシア大陸に迫っていって、ぶつかって、押しまくって、挙句あんなに高くなったみたいです。今でもインド半島は、年に一〇センチほど北上してるんだそうです。だから、お釈迦さんが見ていたエベレストは、今よりも低いエベレストだったんですね。

感受性の強いお釈迦さんですから、毎年高くなっていくエベレストを怪しんでいたかもしれません。毎年一〇センチずつ北上していく地面を訝《いぶか》っていたかもしれません。また、女性の色気を怪しんでいたかもしれません。動物が動物を食べ、動物を食べた動物がまた他の動物に食べられる現状を訝っていたかもしれません。そんな怪訝《けげん》な世の中を見ながら、少年期から青年期にかけてのお釈迦さんは、王家の身としてなに不自由なく暮らしてはいましたが、なぜか心が満たされることはなく、冴えない男子中学生のように悶々《もんもん》としていました。

ある日、あまりにも悶々としている息子を気遣った父親は、息子に外出を勧めました。「お前ちょっと外の空気吸うてこい」の気遣いです。

これは諸説ありまして、自ら外出したいと父親に申し出たという話もあります。自ら外出したいと言っているのに、長い間お城から出してもらえなかったのは、映画「ラストエンペラー」の溥儀《ふぎ》だったと記憶しています。また、初めて城の外に出た時の溥儀はレンズの丸いグラサンをかけていて、それに憧れて、最寄りのジャスコに似たようなやつを買いに行ったことを覚えています。

そんなことは覚えているんですが、大事な、人の名前とかをちょいちょい忘れるんですよね。これを書いている今も、ある人の名前を思い出せずにいます。顔はすぐに出てくるんですが、なぜか名前が出てこないんです。そんな時、必ず外に出るようにしています。そしたら思い出すんです。「あ、せや、生島ヒロシや、せやせや。よかったあ。やっぱり気分転換が一番の薬や」と、すっきりします。

そしてお釈迦さんは、住んでいたお城から外出することになりました。一人ではありません。お坊ちゃんなので、一応お供の人を連れて行きます。

そのお城には、東西南北にそれぞれ一つずつ、計四つの門がありました。

とりあえず、お釈迦さんは東の門から出ました。すると出たところには、もう動けなくなったよぼよぼの人がいました。お釈迦さんは、お供の人に尋ねました。

「ちょっとちょっとちょっと、あれなあに」

「あれは老人でございます。人は必ず老いるのです」

お釈迦さんは驚きました。ずっと城の中にいましたから、それまでよぼよぼの老人に接することがなかったんですね。

その衝撃によって心を痛めたお釈迦さんは、外出をやめ、お城に戻りました。

しばらくして、精神的に落ち着いてきたので、お釈迦さんはもう一度外出することにしました。しかし東の門は、あの衝撃でトラウマになっています。それで南の門から出ることにしました。

南の門から出てみると、そこには、汚物に塗《まみ》れて苦しむ人がいました。お釈迦さんはまた驚いてお供の人に尋ねました。

「ちょ、ちょ、ちょ、ちょっと、あ、あ、あれは、なあに」

「あれは病人でございます。人は必ず病気になるのでございます」

お釈迦さんは再び心を痛め、お城に戻りました。

さて、落ち着いたお釈迦さんは、今度は西の門から出ることにしました。既に、東も南もトラウマになっています。門あと半分しか残ってへん、と焦ってらっしゃったかもしれません。

西の門を出てみると、じっと動かない人と、泣いてる人がいました。もちろんお釈迦さんはお供の人に尋ねます。

「なんなん、ちょっと、もうなんなん、あれなに」

「あれは死人でございます。身内が亡くなって悲しんでいます。人は必ず死ぬのです」

お釈迦さんの頭の中には、これはもう北の門から出てもろくなことないわ、との想《おも》いが浮かんでいたに違いありません。人は、老いて、病気して、死ぬことを思い知らされたんです。ろくなことありません。こんな辛いことがあって、あと北の門ではなにが待ってるねんと考えるのは、人間なら当たり前のことです。

そしてお釈迦さんは、最後の門である北の門から出ました。するとそこには、丸坊主の人がいました。意外でした。拍子抜けでした。お笑いの方程式である、四つ目は裏切りの理論でした。漢数字が、一、二、三、と横棒を増やしていく理屈でやってるのに、急に四とはなんじゃこりゃ、の理論です。

やはりお供の人に尋ねます。

「あのハゲてる人は、なに」

「あれは出家した修行僧です。心の平静を求めて修行しているのです」

ほう、あの人は綺麗《きれい》だ、と、お釈迦さんは一発で気に入りました。そして普段から考え込む性格でしたから、今までの門でのトラウマを通じて、

「やっぱりや。苦しいことばっかりや。生きてたらずっと苦しいことがあるんや。な

んやこの世の中は」

と覚醒し、それを取り払う術《すべ》は出家しかないと思うようになりました。

この逸話を「四門出遊《しもんしゅつゆう》」といいます。そしてこの話は、「四苦《しく》」の元になっています。四苦とは、老いるのも苦しいし、病むのも苦しいし、もちろん死ぬのも苦しいし、それならもう生まれてくること自体が苦しいことなんだという、「生老病死《しょうろうびょうし》」の苦を意味しています。

「へええ」となる、めちゃめちゃ身近な陰陽五行の話

ここである疑問が出てくるかもしれないので、一旦説明しておきます。仏教には、今でも修行僧の方がたくさんいらっしゃいます。仏教の開祖はお釈迦さんです。ではなぜ、お釈迦さんがまだ仏教を説いてない時に、修行僧に出会ったんでしょうか。なんの修行僧なんでしょうか。

インドには、仏教が広まるもっともっと前から土着の宗教や哲学がありました。ヴェーダというインド最古の文献にまとめられています。それを聖典とする宗教を、バラモン教といいます。今のインドは、ほとんどの人がヒンドゥー教徒なんですが、ヒンドゥー教の前身がバラモン教だと思ってください。ここも不思議なとこで、仏教の生まれたインドなのに、インドには仏教徒の人はほとんどいないんです。このヒンドゥー教には、カーストという身分制度があって、上から、バラモン、クシャトリヤ、ヴァイシャ、シュードラとなっています。一番位が高いのがバラモンで、これは僧を意味します。ヒンドゥー教の僧、所謂《いわゆる》聖職者が一番上なんですね。

つまり、まだ出家していないお釈迦さんは、このバラモン教のバラモンに会ったわけです。バーモントカレーを思い出しました。バラモンが二回続いたからです。バとモンに思考を拘束されていたんだと思います。

ちなみに、四門出遊の、東から出て、南、西、北という順番ですが、麻雀の「トン、ナン、シャー、ペー」と同じ順番になっています。これは偶然ではなく、古代中国から伝わる陰陽五行の教えからきていると考えられます。陰陽五行の思想は、日本にも多大に影響を与えています。今からちょっと硬い話になりますが、しばらくしたら、へええ、と感動するかもしれませんので、辛抱してください。

陰陽五行では、この世を構成する五大要素は、木と火と土と金と水、と決められています。この五つを五行といいます。陰陽の陽は明るいから日、陰は暗いから月、五行に日と月で一週間、日月火水木金土となります。

この五行を東西南北に割り振ると、東が木、南が火、例外で中央に土、西に金、北に水となります。

色も割り振ると、木は青々としているので東は青、火は赤々としているので南は赤といきたいところなんですが少しひねって朱色の朱、金はぴかっと白く光るから西は白、水は深くなれば黒く見えるから北は黒といきたいところなんですが少しひねって玄人《くろうと》の玄となります。

東の青に龍をつけて青龍《せいりゅう》、南の朱に雀をつけて朱雀《すざく》、西の白に虎をつけて白虎、北の玄に武をつけて玄武となります。これらの強さの順も、上から青龍、朱雀、白虎、玄武と決まっていて、つまり、東が一番強くて、南、西、最後に北となるわけです。

また、東が青、南が赤、西が白、北が黒になってるもので、有名なスポーツがあります。それは日本の国技である相撲《すもう》です。相撲を観ていたら、上に四角い屋根があって、その屋根から垂れている紐《ひも》がありますね。あれがこの四色で、各々その方角の色になってるんですね。先ほど「例外で中央に土」と述べましたが、相撲も中央には土、つまり土俵があるんですね。今です。へええ、と言うてください。

陰陽のマークをご存知ですか。白と黒のぐにゃあっとしたマークです。あれに、陽の白い丸と陰の黒い丸があります。相撲には、勝ち負けを表す白星と黒星があります。相撲に陰陽と五行が全て入りました。今もです。へええと言うてください。

そして遂に、二九歳の時、お釈迦さんは妻や子を残したままお城を飛び出し、出家しました。

「苦行」から「中道」へ――ちょうど間が、ちょうどいい

お釈迦さんは出家してまずある仙人を訪ねました。

結局お釈迦さんは、人間は老いるし、病気になるし、死ぬし、なんて苦しいものな

んだ、それならもう生まれてくるのも苦しいことではないか、という生老病死の「四苦」を憂い、苦の超克を目指したんですね。その仙人は、瞑想《めいそう》による修行を教えてくれました。じっと座って静かに思いを巡らすという方法です。しかし、なんか違うなあとなりました。

そして、もう一人の瞑想系仙人を訪ねましたが、こちらもしっくりきません。心が満たされず、悟れなかったんです。

ということでお釈迦さんは、それから苦行に励みました。苦しい修行です。自分をどん底まで落とし込んで、世の中の真理を発見し、本当の苦から逃れるという方法です。

いろんなことをやったそうです。断食をしたり、息を止めたり、茨の上で転がったり、土の中に埋まったり、怖い死体と寝たり、人間の糞尿《ふんにょう》を摂取したり、えげつない苦行に励んだようです。

しかし、六年にも及ぶ過酷な苦行は、虚《むな》しいものでした。これだけしても、納得のいく悟りに到達しないんです。

そしてお釈迦さんは、苦しいことをやってもだめ、お城の時みたいに楽しいことばっかりでもだめ、あ、ちょうど間がいいのかも、と覚醒し、苦行をやめました。このちょうど間のことを、「中道」といいます。

苦行をやめましたが、それまでの断食によってやせ細り、ふらふらになったお釈迦さんは、とりあえず川に浸《つ》かりに行きました。体を綺麗にして、川から上がりましたが、意識が朦朧《もうろう》としています。そこを通りかかった女性が、駆け寄り尋ねました。

「大丈夫ですか。死んでませんか」

ガリガリで瀕死《ひんし》のお釈迦さんは、微《かす》かな吐息を使って、

「せめてコーヒーだけでも」

と遠慮しました。そこでその女性は、ちょうどおっぱいが出たので、おっぱいとお米で乳粥《ちちがゆ》を作り、お釈迦さんを抱きかかえて、それを口に運びました。お釈迦さんは何日も食事をしていなかったので、本能的に、もぐもぐと乳粥を食べました。

「ああ、おいしい」

お釈迦さんは充分に意識を取り戻し、女性にお礼を言いました。

「ありがとうございました。あなたのおかげで助かりました。先ほどの食べ物も、とてもおいしかったです。特に、お乳がすごく香ばしくて、まろやかで、味わい深いも

のでした。すいませんが、あなたのお名前を教えていただけませんか」

「スジャータです」

「へえ、スジャータっていうんですか。あのコーヒーフレッシュの。あなたがあの商品名の由来になった人なんですね」

と、お釈迦さんは言いませんでした。お釈迦さんが言わなかったことを書いてしまったせいで、もう既に説明してしまいましたが、あのコーヒーフレッシュのスジャータは、この物語からきてるらしいんです。お釈迦さんを復活させるくらいにおいしいコーヒーフレッシュていうことなんですね。

人間がどん底を経験して大きくなるのは、世の摂理となっていますね。

今となっては、一応ある程度の生活をさせてもらっているので、自動販売機のお釣りが出るところに一〇円が忘れてあっても、とらなくなりました。でもこれは、過去に一応どん底を経験したからこそ、一〇円をとらない大きな人間になれたんだと思っています。どん底の日々は、いろんなことを考えます。悔しい思いや辛い思いをたくさんします。それが糧となって、だんだん人間力が上がっていきます。

これを読んでる方で、もし今いじめられてる子がいたら、その時点でどん底を経験していから、強い自信を持ってくださいね。もう既に大きい人間なんです。お釈迦さんは、どん底の果てしないところを経験しているからこそ、もうこの時点でかなり厳つい人間になっていたと思います。

お釈迦さん、Buddha になる

五人の苦行仲間が、スジャータ事件を木陰から見ていました。この五人は、シャカ族の王、つまりお釈迦さんのお父さんが、息子が一人で苦行するのは心許《こころもと》ないとしてお城から派遣した人材でした。そして彼らは、苦行を捨てたどころか、あんなに触りたい女の子のおっぱいから出たお乳のお粥さんを、おいしそうにもぐもぐしているお釈迦さんを見て軽蔑し、二度と相手にしないことを誓うのでした。

「なんやねん、あほほどしんどいこと付き合ってやったのに」

そして、お釈迦さんは大きい木の下に座り、世の中のありのままを観察し、苦しみの原因を考察するという、今までやったことのない徹底的な瞑想に入りました。誰に教えてもらったわけでもない、独自の瞑想術でした。仙人から教わったそれまでの形式的な概念主義による瞑想から、現実主義の瞑想に切り替えたんです。

生老病死の四苦は毅然《きぜん》とした態度でお釈迦さんの頭に鎮座していました。存在することが苦であり、その根本を考察し、それを超克することにしかお釈迦さんは興味がありません。とことん座って、世の中の事象を想いまくりました。

ところで、この世は煩悩の多い人間の集まりですよね。めちゃくちゃかっこいい車に乗りたいし、やばいくらいいやらしいことを考えてしまうし、びびるくらいおいしい焼飯を食べたいし、欲望は尽きません。

瞑想しているお釈迦さんの頭の中には、そんな煩悩の全てが巡ります。おそらく鼻毛が気になって、ああ、この鼻毛気持ち悪いからはよ切りたい、という煩悩も浮かんだことでしょう。蜂が太腿《ふともも》にとまって、やばい、でも蜜舐《な》めたい、と思ったことでしょう。それでもなお、世の中、宇宙、内面、動物、肉、皮膚、鼻毛、鼻毛の先についた鼻くそ、あらゆることを考えます。

ある時、お釈迦さんのところに悪魔がやってきました。もちろん一人の人間が目を瞑《つむ》って、瞼《まぶた》の幕に映し出した映像の中で起こっていることです。しかし、瞑想中のお釈迦さんにとっては、それのみが宇宙であり世の中です。それくらい想いが広がっている状態です。

この悪魔の名前は、「マーラ」といいます。男性のあそこを「まら」といいますが、このマーラが語源なんだそうです。確かに、欲望を象徴する部分ですもんね。

この悪魔はお釈迦さんをいろんな方法で誘惑しますが、一切の誘惑に乗らずお説教をすると、悪魔は消え失せます。お釈迦さんは悪魔に勝ったわけです。宇宙を支配しようとする悪い組織に勝ったんですから、ガッチャマンのような気持ちだったのかもしれません。もし地元が隣町のヤンキー集団に占領され、お説教の末に改心して街から出て行ってくれたら、歓喜に包まれ、勝利の雄叫《おたけ》びを上げますよね。

悪魔が引っ込んだその刹那、お釈迦さんはこの上なく清らかな意識に包まれました。すなわち、悟ったんです。そして歓喜に包まれました。

「そうかあああああ、なるほどおおおおお」

世の中の真理がなんたるかを発見し、苦から解放される術を発見したわけです。つまり先述のように、ここで遂にお釈迦さんは、ブッダ、仏陀、Buddhaになったんです。

お釈迦さんが悟った真理
「中道」「縁起」「四諦」「八正道」

何年も完成させたいと思っていて、なかなか完成しなかった智慧《ちえ》がやっと完成したんですから、それはそれは雄叫びを上げるくらい嬉《うれ》しいことだったと思います。

悟った時のお釈迦さんは三五歳で、それは、独自の瞑想を始めてから四九日後のことだったそうです。つまり、大きい木の下に四九日間も座っていたんです。この木は、お釈迦さんが悟りを開いたことを記念して、菩提樹《ぼだいじゅ》と名づけられました。「菩提」とは、サンスクリット語「ボーディ」の音写で「悟り」という意味があります。またその木があった地区の名前も、元はガヤー地区というところだったんですが、ブッダをつけて、ブッダガヤになりました。ダガヤで終わると、やはりニコチャン大王を思い出してしまいますね。もしくは、名古屋方面の人を思い出します。

ちなみに、イエス・キリストが預言者となった時のお話にも、誘惑する悪魔が出てきます。お釈迦さんのお話とよく似ています。

キリスト教もイスラム教も、神がいます。そしてそれぞれの信仰する神は、実は、同一の存在なんです。キリスト教のGODとイスラム教のアラーは同一の唯一神です。イエスもムハンマドも預言者で、この預言者はノストラダムスのような予言者ではなく、神から言葉を預かった預言者です。二人の預言者は、時期も言葉も違いますが、同じ神様からそれぞれの言葉を預かっているんです。

このように、キリスト教やイスラム教には神がいます。しかし仏教には神は存在しません。ですから、仏教は別名「神なき宗教」といわれます。だからお釈迦さんは、神から言葉を預かった預言者ではなく、自力で世の中の真理を悟った人、ということになります。

自力で真理を悟った直後、意外にもお釈迦さんは、みんなにこの真理を教えようとは思いませんでした。なにより、やっとの思いで心が満たされたんですから、とりあえずこの悦《よろこ》びに浸ろうと考えたんです。大学入試がやっと終わって、しばらく勉強なんかしないと決めている境地と似ているかもしれません。

では、お釈迦さんは、具体的にどういう真理を悟ったんでしょうか。

大きく分けると四つあります。中道、縁起《えんぎ》、四諦《したい》、八正道《はっしょうどう》の四つです。

中道とは先述の通り、ちょうど間をやれということです。苦行すぎてもあかんし、楽をしすぎてもあかんということです。人前で発表しすぎてもあかんし、人前で発表しなさすぎてもあかん、ラーメンばっかり食べすぎてもあかんし、ラーメンを食べなさすぎてもあかん、何回洗っても綺麗ならへんやんけ、とシャンプーしすぎてもあかんし、じゃまくさいわあ、とシャンプーしなさすぎてもあかん、ということです。

車を運転する時に、よく中道ってええなあと思います。なぜなら、速すぎず、遅すぎず、中ぐらいのスピードで道を走ってる時が一番気持ちいいからです。あ、今これ中道やってるわあ、と思って顔をにやつかせています。気分が良くなってすぐに窓を開けますが、やっぱり寒くなってすぐに窓を閉めます。ああ、こっちの中道は難しいわあ、と顔を歪《ゆが》めています。

縁起とは、因縁《いんねん》生起《しょうき》の略で、世の中の全てのものには原因があって、だから結果があるんだ、というニュアンスです。原因と結果ですから、すなわち因果も同じような意味合いです。親がいるから子ができます。親が原因で、子が結果ですね。坂があるから、タイヤが転がります。どえらいめばちこができたから、眼帯をします。紅《べに》生姜《しょうが》は無料だから、あほほど入れます。おばあちゃんが五〇円玉をくれたから、五〇円のアイスを買うことができます。でも、家の中に知らない人が来ていたから、そのアイスを庭で食べます。アイスを暑い庭で食べたから、アイスが溶けて下に落ちます。アイスが下に落ちたから、蟻《あり》がそこに集まります。蟻がそこに集まるから、働き蟻に興味を持ちます。働き蟻に興味を持ったまんま大人になったから、働き蟻の二割が働いていないという研究結果に、なんやそれ、めっちゃおもろいやん、と思ったわけです。全部原因と結果があります。つまりそれぞれの事象が縁で繋がっていて、関係し合っているんです。

今これを書かせてもらってるのも、本当にご縁があってのことです。芸人になり、よしもと所属、テレビ番組、抜き打ち荷物チェック、写経したメモ帳、仏教系の仕事、執筆の仕事、講演の仕事、そしてある講演にサンマーク出版の梅田直希さんが見に来てらっしゃったことから、今回の執筆をさせてもらうことになったんです。とんでもないご縁です。ありがとうございます。

続いての四諦は、苦諦《くたい》、集諦《じったい》、滅諦《めったい》、道諦《どうたい》の四つに分かれます。ここでの「諦」は、諦めるみたいに思われそうですが、「あきらめる」とは、元々「あきらかにする」という意味がありますので、「諦」はお釈迦さんがあきらかにした「真理」という意味になります。ですから、苦諦は、この世の全ては苦であるという真理、集諦は、苦には原因があるという真理、滅諦は、苦の原因を滅すれば苦が滅するという真理、道諦は、滅するための方法があるという真理、という意味になります。

例えば、夜寝られないという苦があるとします。寝られないのは、ややおしっこがしたいからという原因があるとします。おしっこを出すと原因を滅することができます。ならば、今すぐ起き上がって、便所に行って、おしっこを出す、という原因を滅する方法があります。

寝られないのが苦諦、ややおしっこしたいのが集諦、おしっこを出すのが滅諦、起き上がって便所直行が道諦です。

よく仏教は「諦めてるみたいや」と勘違いされてるんですが、そんなことはなく、結構前向きなんですよね。そもそも「諦」という漢字は、「言」べんに皇帝の「帝」なわけですから、帝のお言葉のようなニュアンスなんでしょうね。帝のお言葉は絶対であきらかなわけですから、わがままは諦めて、真実として受け入れなければならないようです。

最後の八正道は、煩悩に左右されないための、生活における八つの正しい指針なんです。正見《しょうけん》、正思《しょうし》、正語《しょうご》、正業《しょうごう》、正命《しょうみょう》、正精進《しょうしょうじん》、正念《しょうねん》、正定《しょうじょう》と八つあります。

これら四大項目の真理をよく踏まえれば、煩悩を滅ぼし、涅槃《ねはん》、つまり悟りの境地に至り、苦を克服できるということです。大体こういうことをお釈迦さんは悟りました。めっちゃ昔の話です。

ブッダの腰は超重かった

これらを特に誰に広めるでもなく、いろんな大木の下に座ることを転々としながら、四九日が経ちます。

既に苦を超克しているお釈迦さんにとっては、死ぬことすら恐ろしいことではありません。そこでなんと、このまま生きててもまた腹減らすし、お腹が空いてる動物がいたらこの身体が餌になったらいいし、特に生きてるのも死んでるのも変わらへんし、このまま飯食わんと座っとこかなあ、知らん間に死んでるかなあ、と考えます。

すると、お釈迦さんの前に、ブラフマーというインドの神が現れます。古代インドから、宇宙の根本原理を表す神とされています。

先日、手塚治虫さんの『ブッダ』がアニメ映画化されまして、ご縁でその監督さんと少し対談をさせていただきました。対談の時に、パート2での出演をお願いしましたら、本当に映画「BUDDHA2」で声の出演をさせていただきまして、それでやらせていただいた役が、このブラフマーの役だったんです。その時の台詞《せりふ》を紹介します。

「あなたは悟りを開かれたのです。あなたは目覚めた人、ブッダです。その教えをたくさんの人々に広めてください」

こんな感じでした。これだけです。収録は五分で終わりました。

すなわち、ブラフマーはその教学を他人に伝授するよう、勧めに来たんです。でもお釈迦さんは、誰にもこの悟った真理を伝授するつもりはありませんでした。なぜなら、誰も理解できないと思っていたからです。悟ったことが複雑すぎて、しかも戒めが厳しすぎて、到底一般人には耐えられないことだと考えていたんです。例えば、セックスしてはいけないという戒めを悟っていました。こんなもん絶対誰も気に入らへん、絶対誰しもセックスしたいやん、と慮《おもんぱか》っていたんです。

それでもブラフマーは、この教学がなかったら世界が腐敗するということで、広めることを熱心に勧めます。映画の台詞ではあっさりと諭しておりますが、古い文献によりますと、何度も繰り返し諭したようです。つまり、お釈迦さんは何度も断ったということになりまして、

「苦しみはなくなるけど、セックスできなくなるんですよ」

「かまへんから。ええこと言うてるから、広めてよ」

「あきませんて。セックスできなくなったら、子供減りますよ」

「ほな、先にもう子供おる親に伝授したらええやん」

「まあ、はあ」

「せやろ。それやったら子供は今まで通りできるし、子供作った後からそれ教えてあげたらええやん」

「まあ、そう言われたらそやけど」

「せやし、そんなみんないきなりセックスしませんとはならへんで。それ以外にもっとええこと言うてるねんから、どっちかいうたら、そっちを教えてあげて欲しいねん。四諦のやつとか因縁生起のやつとか、ええのいっぱいあるやん」

「あ、そうっすか。ほなまあ」

と、このような対話だったと推測しておりますが、これを梵天勧請《ぼんてんかんじょう》といいます。

梵天とは、ボンタンのことではなく、ブラフマーのことです。ボンタンとは、太い学生ズボンのことです。あ、学生ボトムスのことです。

「案外伝わる」ブッダの教え

このようにして、お釈迦さん、以降この本では「ブッダ」で統一しますが、ブッダは悟った教えを伝授していくことになります。

まずブッダは、苦行していた頃の仲間を訪ねます。しかしあの五人の苦行仲間は、スジャータ事件以降、ブッダのことを相手にしないと決めています。

やがて、五人の姿が見えてきました。五人はブッダを軽蔑の眼差しで眺めています。

しかし、近づくにつれて、五人の表情が変わってきました。だんだん高級な車を見るような顔になってきたんです。カローラからクラウン、クラウンからセンチュリーへと、車種を上げていきました。五人は、もはや驚愕の表情を浮かべていました。

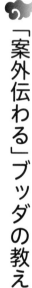

「前と全然違う」

「ほんまや。前と全然違う」

「堂々としてる。前と全然違う」

「美しい。前と全然違う」

「違う違う違う違う。前より断然美しくて堂々としてる」

五人の苦行仲間は、立ち上がってブッダを迎え入れました。

「どうぞどうぞ」

「どうもどうも。悟りましてねえ」

そしてブッダは教えを説き始めます。一度みんなで決めた蔑視をなかなか緩和できない五人でしたが、徐々にブッダの話に聞き入りました。この説法を、初転法輪《しょてんぽうりん》といいます。ブッダにとって、初めての説法だったわけです。

遂に、この五人はブッダの弟子になります。初めての弟子です。これで、ブッダも含めて六人の仏教集団ができました。

またその後、バラモンの上層部たちにも説法すると、その上層部たちは、自分の弟子ごとブッダの教えに改宗すると言いだし、あっという間にブッダの弟子が増えます。

それで弟子は一気に一〇〇〇人を超えたそうです。

それからもいろんなところで説法をして、続々と弟子が増えます。しまいには、シャカ族の身内も弟子になります。もしかするとブッダは、次のように感じていたかもしれません。

「なんや、案外伝わるもんやな」

ブッダのもとに集まった偉大な十大弟子たち

十大弟子というブッダの弟子たちがいます。一〇人の、各々とんでもない能力を持った人たちです。その中から、何人かだけ紹介させてもらいます。何人かだけです。

初めて弟子になった五人の苦行仲間に、アッサジという人がいます。ちなみに、このアッサジは十大弟子ではありません。いきなり名前を出されたのに、本項目の見出しである十大弟子に入らないなんて、とても気の毒です。

「では、合格者を発表します。アッサジ君」

「はい」

「ではなくて」

「えええ」

また、ここで、手塚治虫ファンの人に案内しておきます。ここでのアッサジは、漫画『ブッダ』に出てくる子供のアッサジとは別人です。同じ地域なので同じ名前が多いんだと思ってください。アメリカにマイケルが多いみたいなことです。マイケル・ジャクソン、マイケル・ジョーダン、マイケル・ジョンソン、アメリカはマイケル大国ですね。

ある時、一人の青年が、アッサジの清く正しい姿を見て、詰め寄りました。

「なんなんですか、あなたは」

更に尋問します。

「あなたの師匠は、一体どんな人なんですか」

「あ、ブッダっていいまして、こんな教えを説いてはります」

その一部を聞いた青年は、忽《たちま》ち悟りの最初の段階に達したと伝えられています。

この青年が、後に十大弟子となるシャーリプトラです。この人の名前は、過去に

『えてこでもわかる 笑い飯 哲夫訳 般若心経《はんにゃしんぎょう》』などを読んでくださった方ならご存知だと思いますが、般若心経の中に登場する人なんです。般若心経は、観世音菩薩《かんぜおんぼさつ》、つまり観音さんが、このシャーリプトラに話しかける形で文章化されています。つまり、ほとんどが観音さんの台詞なんですね。

「なんでブッダがシャーリプトラに話しかける形ではないんですか」

という質問に対しては、いい返答をします。それは、ブッダが用事で席を外すことになったからです。だからこそ、ヘルプで菩薩さんが喋《しゃべ》ってはるんです。ブッダの教えをマスターしたヘルプが、観音さんということです。

「観音さんはブッダの弟子ですか」

という質問に対しては、大体で返答をします。弟子ではありません。弟子はシャーリプトラです。なお、般若心経では、シャーリプトラを「舎利子」と表記しています。この人の肩書きとしましては、智慧が第一位の弟子だったそうです。所謂かしこです。

それにしても、アッサジの方が十大弟子に選ばれてないのは、残念でなりません。しかしシャーリプトラは、仏弟子になるきっかけとなったアッサジに対してずっと敬意を表し、足を向けて寝なかったそうです。

カラオケ屋にて、

「なんなんすか、その歌。めちゃええ歌やないすか」

「あ、そう。ほな今度歌ったらええやん」

「ほんますか、ほな今度歌わしてもらいます。ありがとうございます」

ということになって、いつの間にか、歌を教えてもらった後輩の方が、最初に歌ってた先輩の歌唱力を上回るなんていうことがたまにあります。でも歌を教えてもらった後輩は、最初に歌ってた先輩と一緒にカラオケする時だけは、絶対にその歌を歌わないようにするという流儀が美しいですよね。シャーリプトラはアッサジの前では歌わない流儀を尽くしたんですね。

「その例え、マアーマチガッテソウヤナ」

という声が聞こえてきそうです。

その声に釣られて、次はマハーマゥドガリヤーヤナという弟子を紹介します。声に出した時の舌がやばいので、音写の表記である摩訶目犍連《まかもくけんれん》で説明します。しかし、これもやばいので、目連《もくれん》という略称で説明させてもらいます。目連は、元々シャーリプ

トラの友達で、シャーリプトラに誘われる形で一緒に弟子入りしています。例えるなら、シャーリプトラがやってきて、

「なあ目連、サザンのマイナーな曲でええやつ見つけたから、一緒にカラオケ行こや。聞かしたるわ」

「まじで。ほな行くわ」

みたいな感じです。カラオケに行った目連は、一発でサザンのマイナーな教えにはまりました。

ちなみに目連は、夏をあきらめるどころか、夏に行われる、お盆や盆踊りの礎を築いたといわれています。

摩訶目犍連の頭についている「摩訶」は、よく見かけたり耳にしたりしますよね。「摩訶般若波羅蜜多《はらみった》心経」とか「摩訶不思議」とかです。「摩訶」とは、英語でgreatだと思ってください。日本語でいうところの、「偉大な」です。ですから摩訶目犍連とは、偉大な目犍連だと思ってください。「摩訶般若波羅蜜多心経」は偉大な般若波羅蜜多心経であり、「摩訶不思議」はめちゃくちゃ不思議だと思ってください。

目連は、神通が第一位の弟子だったそうです。神通とは、物事を自由自在に操るよ

うな計り知れない不思議な働きや力のことですから、摩訶不思議の摩訶目犍連は、ややメルヘンチックな存在になるかもしれません。

意外かもしれませんが、初期の仏教に関する記述は、ブッダが亡くなった後、弟子たちが後世に書いたものです。だから、少々おもしろおかしく工夫してあるかもしれません。しかも、シャーリプトラと目連に関しては、ブッダよりも先に亡くなっていますから、彼らは全く書物を残していません。ということはやはり後世の弟子たちが、偉大な兄さんを敬って、摩訶逸話を書いたのかもしれません。

ちなみに、「真っ赤な嘘《うそ》」という言葉は、「摩訶な嘘」からきているという説もあります。諸説あります。

ブッダは教えの記述を認めませんでした。しかしブッダが亡くなると、師匠の教えはしっかり書いておくべきだという意見が弟子内に広まり、結局、聖典が編纂《へんさん》されることになりました。その編纂を仕切ったのが、摩訶迦葉《かしょう》という人で、この人も十大弟子に選ばれています。また「摩訶」です。

編纂といえば、日本の『古事記』を編纂したのは太安万侶《おおのやすまろ》だと習いました。しかも、ただ太安万侶が知ってることを書いたのではなく、稗田阿礼《ひえだのあれ》という人が暗誦し、それを太安万侶が書き留めたと習いました。つまり稗田阿礼は記憶力が良かったんですね。うちのおばあちゃんから聞いたなあ、とか、近所の長老が言うてはったなあ、というような伝承を、太安万侶に向かって喋り続けたんですね。

ブッダの聖典も、先ほどの摩訶迦葉がただ書いたのではなく、阿難陀《あなんだ》という記憶力の良い人が、ブッダから教わったことを思い出しながら喋りまくって、摩訶迦葉が長となって編纂されたそうです。

この阿難陀も十大弟子の一人です。ちなみにこの人はブッダの従兄弟《いとこ》で、付き人のような存在だったそうです。横でずっとブッダの説法を聞けていましたので、多聞が第一位とされています。また、一二〇歳まで生きたと伝えられています。これはさすがに摩訶な嘘だと思っています。一一九歳までしか生きてないと思っています。

もう一人、従兄弟がいます。阿那律《あなりつ》といいます。この人は、ブッダの説法中に居眠りをしてしまいます。そこで阿那律は、ブッダの側にいる時は絶対に寝ない、という無茶な誓いをたてます。そうして無茶をしていると、だんだん目が悪くなってきます。

ブッダも、

「そんなんせんでええよ」

と諭しているのに、寝ようとしません。そうしてますます目が悪くなってくると、今度は心の目が開いてきました。それで阿那律は、天眼が第一位といわれています。

ブッダの身内といえば、ブッダの息子も十大弟子に選ばれています。羅睺羅《らごら》といいます。この人は、まじめ第一位です。とにかく決まりをよく守り、人の何倍も努力したそうです。確かに、師匠の息子ですから、横着していたらすぐに陰口をたたかれますもんね。

「あの先代は良かったけど、息子の代になってからあかんな」

こういうことを言われる会社にならないよう、努力してはる若さんもたくさんいはりますね。羅睺羅もそんな感じで自らを戒め、決してお父さんに裏口入学をお願いすることはなかったようです。

さて、あと何人か紹介しようかなと思ったんですが、前任者との数珠繋ぎで紹介していくシステムに限界が生じましたので、ここまでとさせていただきます。ここから急に他の弟子を紹介すると、裏口入学の雰囲気が出てしまいますもんね。

それでは、みなさんと一緒に、数珠繋ぎの功績を振り返りたいと思います。舎利子から始まって、その友達だということで目連にスライドして、この二人はブッダより先に亡くなってるから、まだ生きてる弟子による仏典の編纂ということで摩訶迦葉を出して、編纂で一旦『古事記』にスライドしてから語り手で阿難陀を出して、阿難陀がブッダの従兄弟だからもう一人の従兄弟である阿那律を出して、身内ということで息子の羅睺羅を出して、そこから裏口入学、替え玉受験、とスライドしていきそうなので、ここで終了とさせていただきました。

最期の言葉は「まじで諸行無常やからな」

偉人となると、なんとなく早死にするイメージがありますが、ブッダは偉人の中でもかなり長生きした人だと思います。

ある日、八〇歳を迎えていたブッダは、付き人の阿難陀を連れて、パーヴァー村というところにやってきました。その村で、ブッダ一行は鍛冶屋《かじや》のチュンダという人から食事に招待されました。ちなみにここでのメニューは、豚肉やキノコを使ったものだったといわれています。ブッダは肉を食べてるんですね。しかし食事をとった後、ブッダの容態が急変します。豚肉にあたったともいわれています。そんな状況でブッダは阿難陀に言いました。

「チュンダは最後の食事を提供してくれました。これはすごいお布施です。チュンダの食事と、スジャータの乳粥が、最も尊いお布施でした」

この発言は、チュンダを悔やませないようにするための、ブッダのご慈悲だったんです。豚肉にあたったことを隠して、最高の料理だったと感謝したんです。それこそ、仏の心ですよね。

そしてブッダは、阿難陀に二本のサーラ樹という木の間に寝間を用意させて、横になりました。その様子を見た阿難陀は、ブッダにやや無神経な質問をしました。

「師匠、師匠のお葬式はどのようにさせてもらいましょうか」

「そんなことは出家してるお前らは気にせんでええ。自分の修行に励みなさい」

ブッダは、生涯を通してお葬式のこととかは説かなかったんです。

そうして遂にブッダは、

「まじで諸行無常《しょぎょうむじょう》やからな、がんばれよ」

そう言い残して、亡くなりました。

ブッダが亡くなった途端、瞬く間に地も空も荒れまくりました。そして、帝釈天《たいしゃくてん》という古代インドの神が現れて、

「諸行無常」
「是生滅法《ぜしょうめつぽう》」
「生滅滅已《しょうめつめつい》」
「寂滅為楽《じゃくめついらく》」

と唱えました。これは無常偈《げ》と呼ばれ、いろは歌の元になっているといわれています。つまり、「色は匂へど、散りぬるを」が諸行無常で、全部移り変わるよというニュアンスで、「我が世誰ぞ、常ならむ」が是生滅法で、生まれて滅するのが真理だよという意味合いになります。更に「有為の奥山、今日越えて」が生滅滅已で、生滅にとらわれるなということを意味して、「浅き夢見じ、酔ひもせず」が寂滅為楽で、そうすれば楽しいよということを指しています。

また、先ほどのサーラ樹ですが、二本ありましたよね。二本のサーラ樹で、あの「沙羅双樹《さらそうじゅ》」になります。

「諸行無常」もそうですが、「沙羅双樹」も『平家物語』の冒頭に出てくる用語です

よね。この花の色が盛者必衰の理《ことわり》を表してるんですね。

また、ブッダがお亡くなりになったことを指して、入滅《にゅうめつ》といいます。涅槃ともいいます。ニルバーナともいいます。ブッダが亡くなった時の様子を模した横向きの仏像を、涅槃仏といいます。ブッダは生きてるうちから煩悩を全て滅ぼしていましたから、生きてるうちから涅槃の境地に達していたんですが、亡くなると、もちろん煩悩はなくなるということで、煩悩がなくなって悟りの境地に至ることも、亡くなることも、両方とも涅槃といいます。

お亡くなりになったブッダは、荼毘《だび》に付されました。つまり、火葬されたんです。火葬されますと、遺骨が残ります。やはりありがたいブッダの遺骨は、ブッダと親交のあったいくつかの部族間で取り合いになりました。そして、八つの部族に分配され、各々が祀《まつ》ることになります。

ということで、ここまではブッダの生涯について触れさせていただきました。このまま本書を読み進めていただきますと、ブッダの遺骨や教えが、この先どう変遷していくかをほどよくご理解いただけると思います。ページをめくることで手の水分を奪ってしまいますが、今後もよろしくお願いします。

コラム1

仏とクリスマスとクリスマス・イブ

誕生日がクリスマスという人生を送ってきました。一二月二五日生まれなんですよ。イエス・キリストと一緒なんです。せやのに仏教の本を書いてるんです。次はコーランを勉強しようと考えています。

キリスト教圏では、開祖の誕生日を、クリスマスやクリスマス・イブとして祝いますね。イブとは前夜祭のことです。

「イブは前夜祭やからただの前祝いや。当日とちゃうねん」

何度もこれを叫んできました。

幼い頃から、この由緒正しい誕生日に、少々の誇りを持っていました。また、クリスマスの盛り上がりを、まるで自分の誕生日をみんなが祝ってくれてるかのように錯覚し、欣喜雀躍《きんきじやくやく》していました。しかしある時、世間は案外クリスマスよりクリスマス・イブに照準を合わせて楽しんでいることに気づいてしまったんです。

落胆しました。クリスマス当日には、お店の飾りや街の電飾が、ぼちぼち片付けられているところもあったんです。

そもそも、小学二年の時に落胆は始まりました。小二の終わりの会では、その日が誕生日という子を拍手で祝う儀式がありました。そんな中、同じ学級に一二月二四日生まれの子がいたんです。二学期は一二月二四日で終わります。二五日からは冬休みに入るんです。

「今日は二学期最後の日ですね。一二月二四日誕生日は○○くん。おめでとう」

「おめでとう。わあ、すげえ、クリスマス生まれや」

「ほんまや、すげえ、クリスマスや」

クリスマスちゃうわ、クリスマス・イブじゃ、あいつはイブじゃ、クリスマスはこっちじゃ、あほか、と密かに憤慨していました。そして遂に、冬休みに入った二五日の「おめでとう」は、割愛されたのでした。今となってはありがたい思い出です。これを本で書けるんですからね。

ブッダの誕生日は四月八日でした。

この日は、灌仏会《かんぶつえ》という催しで、仏教開祖の生誕をお祝いします。花飾りの御堂に、生誕直後の、右手で天を指し左手で地を指したブッダの像を安置し、甘茶をかけたりします。特に前夜祭などはありません。

もし、同じ学級に四月八日生まれの子がいたら、奥ゆかしい終わりの会になっていたかもしれません。

「新しい学年が始まりましたね。四月八日誕生日は○○くん。おめでとう」

「おめでとう。すげえ、灌仏会や、灌仏会生まれや」

「ほんまや、釈尊と同じや。灌仏会や」

「ほんまや、釈迦牟尼同様や。灌仏会や」

ほう、確かに、生誕に関して、暦上、ガウタマ・シッダールタと同一であり、それ故、灌仏会の日となる、ありがたい、と密かに合掌していたかもしれません。

第二章

仏教はこんなこと言ってはるんです

仏教とは生きてる間の人生哲学！

そもそも仏教は、勘違いされがちな宗教です。特に日本では、お葬式や死後のために存在する宗教というイメージがありますよね。それも仏教と関係ないわけではないんですが、それよりもっと、生きてる間のことに関わる宗教なんですよ。いわば人生哲学みたいなもんだと思うんです。ましてや、幽霊のことなんかブッダは全く考えておりません。もっともっと現実的なことを考えてはったんです。

ブッダは教典を書きませんでしたから、たくさんの弟子たちが、様々なブッダの教えを、これまた様々な書き方で後世に残しました。しかも、ブッダの死後に内容を思い出して、または死後何百年も経ってから口承されてきたものを書き残したんです。黒板をそのまま見て写したら楽ちんですが、授業が終わってから、休み時間に黒板の内容を全部思い出して書くのって至難の業ですよね。

黒板を消すのが早い先生もいましたね。まだ写してへんのに先々消していく先生です。なんて書いてあったかを、隣の子に聞くか、もしくは予想で書かなければなりませんでした。また、黒板をあんまり使わない先生もいましたね。

「もういちいち書かへんからな。聞いて覚えぇよ」

ブッダも板書しない先生でしたから、黒板は綺麗《きれい》なまんまでした。消えないようにペンキで書いた、「月」「日」「曜日」「日直」の文字だけ端っこで光っていたかもしれません。「六二月八五日あほ曜日　日直　鼻血ブーノ助」と落書きされていたかもしれません。


　このように、落書きのセンスも多種多様ですから、大事なことを書き留めるセンスも千差万別であったと思われます。ましてや、莫大《ばくだい》な量の説法があります。三五歳で真理を悟ってから八〇歳で亡くなるまで、つまり四五年間分もの説法があるんです。「釈迦に説法」は諺《ことわざ》ですが、実際は、「釈迦が莫大な説法」だったんです。本にすると七〇〇〇冊くらいあるといわれています。そんな感じだから、仏教には多種多様の経典が現存するわけです。はっきりいうて、どれがほんまにブッダが言わはったことなんやろ、と困惑するくらいに枝分かれし、また枝分かれしてるんですね。そうなると、おばけ経とかが出てきても仕方ないかもしれません。きゃきぃきゅきぇ経とかが出てきても納得せざるを得ません。

しかしそんな中で、初期仏教といわれるものがあります。これは、かなり初期段階の、つまりこれだけはまずいろんな文献に出てくるし、おそらくブッダが生きていた頃に、まあ必ずブッダが言ったであろうという教えの部分を指します。

久しぶりに同窓会で集まった時の、「あの先生こんなこと言うてたよなあ」「うん言うてた」「うん言うてた」のところです。「あの先生こんなこと言うてたよなあ」「うん言うてた」「え、そんなん言うてたかなあ」が後々の仏教です。

その初期仏教においては、お葬式のやり方とか、死んだらどこへ行くの、なんていう説法は全く出てきません。仏像を拝みなさいよ、なんていうことも出てきません。ましてや、金縛りの最中に幽霊が出ることなんか、微塵《みじん》も触れられておりません。

またよく勘違いされているのが、生まれ変わりのことです。つまり、輪廻転生《りんねてんしょう》についての考え方です。輪廻転生こそ仏教だ、と思う人もいるかもしれません。

古代インドには、ブッダが生まれるもっと前から輪廻転生の思想や哲学がありました。既に世の中はそういうもんやと民衆に浸透していたんです。この当時の輪廻転生を具体的に説明すると、魂は永遠に不滅であり、その魂が輪廻を繰り返していると解釈されていました。今でも輪廻転生といえばそんな感じですよね。一つの魂は一つの肉体に宿って、肉体が死ぬと、その魂はまた別の肉体に宿るという思考が主流だと思います。魂が客、肉体がホテルのシングルルームですね。アパの一生、東横インの一生、ニューオータニの一生です。でも、ブッダはそれを否定したんです。

「いやいや、そういう永遠の魂とかじゃなくてや、なんていうかなあ、その、もっと現実を見たらや、その、なんていうかやあ」

と考えていたんですよ。

前述の通り、ブッダが生まれた頃には輪廻転生の考えは当たり前となっていましたから、出家した時のブッダもその常識の渦中にいたんです。そして、この世は苦しいことばかりだから、輪廻転生の渦中にいる人類は、いくら苦しいことから逃れようとしてもまたどうせ生まれ変わってしまうんだし、それならまた来世で苦しいことがやってくるんだから逃れられてないし、一体どうやったら本当に苦から逃れることができるんだろうか、とブッダも思い悩んでいたわけです。

しかし、世の中のありのままを悟って心が清らかになったブッダは、もう輪廻転生のことは考えんとこ、となったんです。苦を滅することができ、その方法も分かったんだから、もう永遠不滅の魂とか言うてる輪廻転生なんかどうでもええわ、と見切り

をつけたんですね。そして弟子たちにも、

「考えへん方がええで」

と説いたわけです。

実体なんか存在しない「諸行無常」と「諸法無我」

さてみなさん、「はじめに」のところで、亀の頭と手は甲羅の内部で繋《つな》がっていて、これは第二章に繋がっていると述べましたが、今からその真髄を説明します。仏教では、この世には実体のあるものはなく、つまりそれ個体として本当に存在するものなどない、というのが基本の概念となります。

あるものが本当に存在するなら、それはそのままの状態をずっと保つはずなんです。赤い苺《いちご》はずっと赤い苺のはずです。それが真実在というものです。しかし全てのものはボロボロになります。いつか壊れます。つまり全ては移ろいゆきます。赤い苺はいつか汚い苺になります。花は枯れるし、散りもします。木にしても、必ず形を変えます。ジッパーもいつか壊れます。救急箱もいつか赤チンが付いて汚れます。救急箱の持つとこも、金属のやつならいつか錆《さ》びます。人間も、必ず移ろいゆきます。白髪になるし、禿《は》げますし、チンゲも抜けます。感情にしてもそうです。前は好きだったのに、禿げたから好きの度合いが減ることもあります。また、禿げた方がより好きになるという場合もあるかもしれません。一定ではありません。ならば、全てのものに実体はない、ということになります。

この全てのものが移ろいゆくことを、「諸行無常《しょぎょうむじょう》」といいます。『平家物語』の冒頭に出てくる用語です。「祇園精舎《ぎおんしょうじゃ》の鐘の声、諸行無常の響きあり」ですね。でもこうなると、「ほな祇園精舎てなに」という読者の声が聞こえてきそうです。「祇園精舎てなにの声、読者無数の響きあり」です。「うまい、うまい、おもしろい、おもしろい」という読者の声が聞こえてきそうです。

祇園精舎とは、インドのコーサラ国にあった寺院の名前なんです。殊に、ブッダが説法をしていた寺院がいくつかあるんですが、祇園精舎もそのうちの一つで、ブッダが入団者に寄付してもらった施設です。ちなみに、祇園精舎に鐘はなかったそうです。ゴーンと鳴らなかったんですね。ガーンですね。

また正式名称は、祇樹給孤独園《ぎじゅぎっこどくおん》精舎と、えらい長く、意味深な名前になります。祇園は祇樹給孤独園の省略形だったんですね。意味深は意味深長の省略形だったんですね。

しかし祇園となると、やっぱり京都の祇園を想像してしまいます。あの祇園も、この祇園精舎が元らしいです。

平安時代、京都に、祇園精舎から名前を拝借した祇園寺というお寺が建てられたそうです。その門前町が祇園と呼ばれ、今の祇園界隈《かいわい》になっています。その祇園寺は祇園社となり、今は八坂神社となっています。また全国的に祇園という地名は多く、祇園祭もいろんなところで行われます。これは、元々祇園精舎の守護神である牛頭《ごず》天王が日本のスサノオと同神とされ、その神に捧げる祭りであれば祇園祭で、とかいろいろあるみたいですが、このお話は長くなりそうなので割愛します。省略された祇園のお話を省略させていただきます。

その代わりに、祇園花月という吉本の劇場で起こった話をさせてもらいます。祇園花月は、舞台の下が楽屋になってるんです。だから楽屋の天井が結構低いんですよ。必死こいて手を伸ばさなくても、余裕で天井に手が届くぐらいなんです。一度、漫才用のスーツに着替えている時、天井が低いことを忘れていて、ワイシャツに手を通した瞬間、上の蛍光灯に手が当たったんです。そこそこのスピードで当たったんです。瞬時に、割れた、と思いました。でも、割れなかったんです。助かりました。

話を実体のことに戻しますと、ものが内包している実体のことを「我」といいます。基本的に仏教で出てくる「我」は、「ワレ」つまり自分単体のことではなく、万物それぞれの実体という意味になります。そして、全てのものには実体がないから、それを「無我」といいます。更にこれを四字熟語でかっこよくすると、「竹脇無我」ではなく、「諸法無我」となります。「竹脇無我」は大俳優です。

お分かりだと思いますが、この冗談にも実体はないですし、先ほどの祇園花月の話も、完全に実体のないものです。

この世は、すなわち「カレー」である

さてみなさん、「諸行無常」と「諸法無我」が出揃《そろ》いました。仏教において、とて

も重要な四字熟語です。仏教の世界観を凝縮させた計八文字です。では、この二つが意味する感覚を、勝手に分かりやすく例えますね。

この世はカレーです。大きい大きい鍋に入ったカレーです。カレーライスではありません。かける方のカレーです。カレーのルーと言ってもその部分を想像してもらえるかもしれませんが、カレーのルーは固形のあれを指すらしいので、ここではカレーと表記させてもらいます。ドロドロの汁です。しかも、じゃがいもや人参が食べ応えのあるサイズで浮かんでいるのではなく、野菜も肉も全部溶け込んだ単一色単一粒子状のカレーです。あの、バーモントカレーの固形ルーを、ただ単にお湯で溶いた状態を想像してもらったらいいと思います。

そこに、無数の小さい小さいおたまがカレーを掬《すく》いにきます。そして、各々のおたまにカレーが溜《た》まります。その溜まったカレーが、この世で各々個別に見えている物や人です。例えば、一つのおたまにたまたま溜まったのが一匹のコオロギさん、また他のおたまにたまたま溜まったのが鈴木宗男さん、また別のおたまにたまたま溜まったのが宗男さんのムネオハウス、同じく他のおたまにたまたま溜まったのが体育館の傘立てにずっと放置してある傘、そしてまた、他のおたまにたまたま溜まったのが自分という感じです。

なお、この無数のおたまには小さい穴があいていて、掬ってもカレーはやがてお鍋に戻るんです。鍋に戻ったカレーは、元々鍋にあったカレーとごちゃごちゃになり、また全体的なカレーになります。この例え、いいでしょ。よだれが出てくるでしょ。

つまり、この世で個別でいられるのなんか一瞬で、よく見ると全部一緒ということなんです。人の一生も一瞬で、お茶碗もわりとすぐに割れて、割れ割れになって、やがて木っ端微塵になります。

そしてまた、おたまにカレーがなくなると、おたまは新たにカレーを掬い上げます。すると今度は、さっきまで鈴木宗男さんを形成していたカレーの一部と、ムネオハウスを形成していたカレーの一部と、他のいろんなものを形成していたカレーの一部が、一つのおたまに一緒に掬い上げられて、また別のなにかを形成します。そんなことがずっと繰り返されています。

仏教の硬い本でよく、「全」と「個」などといわれますが、鍋のカレーが「全」で、おたまに溜まったカレーが「個」です。また硬い本で「全は個であり、個は全であり」などといわれますが、「鍋のカレーは掬ったカレーであり、掬ったカレーは鍋のカレーであり」となるわけです。当たり前ですよね。どのみちカレーなんですもんね。繋がってますよねえ。となると、実体って、なくなってきませんか。

以前書かせてもらった般若心経《はんにゃしんぎょう》の本では、この世界観を、「この世のもの全てを液状にして、それらを全部混ぜて、どろっとした一つのでかい液状のものにしたら、全部混ざり合って、結局自分というものがなくなって、でもその中をよく見ると、この部分とこの部分が合わさってたまたま一人の人間になっていて、また別のこの部分とこの部分とが合わさって一つのうんこができていて」というふうに説明させてもらいました。今回はパワーアップさせて、カレーと、無数のおたまと、おたまの穴という新しい例えを提案いたしました。手前味噌《みそ》ですが、進化したと思います。特に、おたまの穴が最高に渋い例えだと自負しております。穴から抜けていくんです。全ての存在は固定せず、移ろいゆくし、更に一瞬かつ儚《はかな》いものだという例えになっています。

また、この世の全体をカレーと例えることにより、みんなの大好きなカレーだから誰もこの世界観に嫌な思いをしないし、殊にカレーはインドのものだから、ブッダもカレーで例えていたかもしれないと啓示できるんです。

更に、うんこで説明していたところも改良し、今回は比較的綺麗なムネオハウスなどで説明をしています。

要するに、一回目のおたまにはこの部分とこの部分が入ったけど、二回目のおたまには、また別のこの部分とこの部分が入ったよ、というカレーの世界観でいくと、永遠に不滅な魂の概念ってなくなりませんか。輪廻転生もなにもないでしょ。生まれ変わってはいるけど、一つの同じ魂がそのまま生まれ変わってないでしょ。もっと細かいもんどうしがくっついて離れて、また別の細かいもんどうしがくっついて離れて、を繰り返してるんですね。

鶏が一羽生きていました。その鶏を人間が食べました。一人では食べ切れませんから、何人かで食べました。食べられた鶏は、人間の腹から腸にかけて、うんことなりました。うんこは海に捨てられました。海の微生物がうんこを食べました。一匹では食べ切れないので、何匹かで食べました。うんこを食べて育った微生物は、小さい魚に食べられました。小さい魚は大きい魚に食べられました。大きい魚は釣り人に釣られました。そして釣り人に食べられました。釣り人一人では食べ切れないので、何人かの釣り人で食べました。大きい魚にはやや毒があって、釣り人は相当臭《くさ》いうんこをしました。相当臭いうんこは海には捨てられないということで、土中に埋められました。土中の微生物は、土中に相当臭いうんこがやってきたので、大喜びで食べました。もちろん何匹かで食べました。相当臭いうんこは、微生物の腹から腸にかけて肥料になりました。肥料は、植えられた穀物の根から吸いとられました。穀物は育って、ヒヨコの餌になりました。ヒヨコは鶏になりました。鶏がまた人間に、なんていう感じの「カレーおたま理論」ないし、「たまたまおたま理論」です。繋がってるでしょ。

今度ご家庭でカレーを混ぜる時は、この大自然サイクルを想《おも》いながら混ぜてくださいね。より良く理解できると思います。

ねるねるねるねを混ぜてもらっても構いません。その時は、棒にくっついた部分が、各々個別に見えている物や人だと思ってください。混ぜている自分は、魔女だと思ってください。

さて、この世界観をより良く理解すると、自分というものへのこだわりがなくなりますね。それより、全部一緒なんだという感覚の方が強くなりますよね。すると、他人を傷つけることは自分を傷つけることであり、他人に与えることは自分に与えていることになると意識できます。こうして、人に迷惑をかけてはいけない、人を悲しませてはいけない、人に奉仕しなければならない、といった心情が生まれます。これが所謂《いわゆる》、慈悲です。

カレーを掬えば、苦しみからも救われる

ブッダの追求したものは、苦からの解放でした。縁起《えんぎ》の法則を元に逆算すると、苦の原因は煩悩だと分かりました。

「ネックレス欲しい欲しいと思うから、ネックレスが買えないと苦しい思いをするんやなあ。シャンパンばっかり飲みたいと思うから、シャンパンがないと苦しい思いをするんやなあ。いやらしいことばっかりしたいと思ってるから、いやらしいことができなかったら辛いんやなあ。この黒子《ほくろ》、でかいからとりたいなあ、とばっかり思ってるから、とれずにずっと顔にある立体黒子が辛いんやなあ」

そして煩悩が生まれる原因は、自分にこだわりすぎることだと分かりました。

「ネックレス着けた時の自分って、渋いやろうなあ。自分の舌って、なんかシャンパンをおいしいって感じるんよなあ。自分があの子といやらしいことしたいんよなあ。

自分の快感を味わいたいんよなあ。でも自分の顔って納得いかへん顔やねんなあ」

この、自分にこだわりすぎることを、「我執《がしゅう》」といいます。

我執が生まれる原因は、自分を他と切り離して考えているからだと分かりました。

では我執をなくすためにはどうすればいいか、それは、先述の世界観を理解すればいいわけですね。全部一緒なんだと思えばいいんです。

「カレーや。ネックレスは仮の姿で、あれはカレーや。シャンパンもカレーや。あの子もカレー、この黒子もカレーや。自分も、自分のちんこもカレーや。全部一緒や。全部カレーや。おいしそうや」

苦は煩悩、煩悩は我執、我執にはカレーの世界観、の関係にしても、全て原因と結果で繋がっています。因果や縁起は、厳《いか》つい理論です。この理論を、まだ科学も発達しておらず、しかも地球が球体だとも分かってない時期に思いついたんですから、ブッダは厳つい哲学者だと思います。

またブッダは、「十二因縁《じゅうにいんねん》」という教義も発見しました。これを詳しく説明したいんですが、その前に、発見は発見でも、「0」の発見について話をしたくなったので、十二因縁の説明を後回しにさせていただきます。なぜそのような身勝手なことをするかと申しますと、「0」の発見についての話がバリ好きだからです。どれくらい好きかと申しますと、黒板消しクリーナーのスイッチを、入れた直後に切って、ちょっとだけ唸《うな》らすのと同じくらい好きです。

ブッダがいた頃はまだ「0」という概念がありませんでした。意外ですよね。それから何百年と経った紀元後のインドで「0」が発見されました。案外遅いんです。でもインド人って、今もめちゃくちゃ数学が得意らしいですね。日本では九九を覚えるだけですが、インドでは20×20まで覚えると聞いたことがあります。ブッダにしても、「0」の概念がない時期に諸法無我の感覚を悟ってますから、無とは皆無、1もない、1マイナス1のもの、実体はなくカレーでしかない、カレーはどこに入っているか、それはカレーの鍋、鍋を上から見たら丸い0、無は「0」なのかなあ、と、やや「0」を発見していたかもしれません。

肝心の本線に話を戻しますと、「諸行無常」「諸法無我」の真理をよく理解したら、我執がなくなり、煩悩がなくなり、とどのつまり苦がなくなるよ、ということなんですね。四諦《したい》のところでやや触れた内容の、具体的な説明をしました。

知らないことがあるからシャンプーも怖い

四諦の四つのうち、最後は道諦《どうたい》でした。道諦とは、苦の原因を滅するための方法があるという真理、の意味でした。では、その方法とはなんなんでしょうか。

それが、八正道《はっしょうどう》です。読んで字の如くなんですが、八つの正しい道です。この八つの正しいことをやっておけば、苦の原因を滅することができ、悟りに至ることができるよ、カレーの世界観を究極に掌握できるよ、というわけです。

八つの正しいこととは、正見《しょうけん》、正思《しょうし》、正語《しょうご》、正業《しょうごう》、正命《しょうみょう》、正精進《しょうしょうじん》、正念《しょうねん》、正定《しょうじょう》でしたね。八つありますね。正しく八つのことをせえよと説かれています。ちゃんと見て、ちゃんと考えて、ちゃんと喋《しゃべ》って、ちゃんと行動して、ちゃんと生活して、ちゃんと精進して、ちゃんと目的を持って、ちゃんと精神統一して、という感じです。

殺人、自殺、いじめ、窃盗は正しいことではありません。絶対やらないでください。自分も他人も全部一緒なんやから別に盗んでもええやろ、と思わないでください。ジャイアンの一番だめな部分です。全部一緒やからこそ迷惑かけたらあかん、と思ってください。ジャイアンの一番いいところです。最高のジャイアンを作り上げる説明書が、この八正道です。

喋る仕事をしておりますので、しょっちゅう言葉って大事だなと思わされています。そしてその度に、八正道の正語が頭をかすめます。ある状況を説明するのに、最適な正しい語句を使いたいんです。例えば、頭に鳩《はと》の糞《ふん》を落とされた六五歳の男性について喋るとします。その時、この男性のことを、「おっさん」と呼ぶか、「おじさん」と呼ぶか、「おじいさん」と呼ぶか、どれが最適だと思いますか。一番おもしろい状況を演出するために、どれか一つ言葉を選ばなければならないわけです。一応、個人的にこれが正語だというのがありますので、答え合わせをしておきます。

「この前ね、道歩いてたらね、下にえらい鳩の糞落ちてたんですよ。ほんで上見たらね、電線にあほほど鳩おるんですよ。ほんで、うわ、また糞しょった、思てその着地点見たら、前から来るおじさんの頭やったんですよ」

この状況では、おじさん大なりおじいさん大なりおっさんだと考えております。綺麗さと汚さのコントラストです。

では、先ほどほったらかした、十二因縁について説明させてもらいます。なぜこのタイミングで説明したかったかと申しますと、「0」の説明から始まって、四諦の4、八正道の8、つまり「4×0＝0、4×1＝4、4×2＝8、4×3＝12」で十二因縁という流れが綺麗だと思ったからです。

ここで、4の掛け算が出てきたので、もうちょっとだけ十二因縁をほったらかして、別の話をさせていただきます。

4といえば、四苦《しく》があると前述しました。生老病死《しょうろうびょうし》の四苦です。この四苦に、好きな人と離れる苦、憎い人と会ってしまう苦、欲しいものが得られない苦、肉体や精神が思うようにならない苦、の新たな四つの苦を足して、「四苦八苦」といいます。これはよく聞く四字熟語ですね。

また、苦の原因は煩悩だと述べました。煩悩の数は、一〇八個あるといわれています。そこで、四苦八苦を読み方通り数字にすると、4989となりますね。「4×9＝36、8×9＝72で、36＋72＝108」となり、煩悩の数と同じになります。

読者の「へぇえ」という声が聞こえてきそうです。ただ、がっかりすると思いますが、これは後世に日本で創作された小噺《こばなし》なんです。ブッダは日本人ではないから、シクハックとは言いませんでした。でも愉快な小噺だから、今後もちょいちょいこの話はしていこうと思います。

それでは、遂に、十二因縁の話をさせていただきます。

ブッダは、苦の原因をもっと徹底的に分析し、また人の肉体や思考回路など、とことんまで考察しました。そしてその結果、十二の項目が連鎖していくことで苦が生じるんだと導き出しました。これが十二因縁です。またこれは、逆の順に項目を潰していくと苦がなくなるんだ、という説明書にもなっているわけです。

例えば、シャンプーするのが怖い、という苦があるとします。その原因は、シャンプーが目に入るのが辛いからだ、と分かったとします。更に、シャンプーが目に入る原因は、シャンプー時に目を開けているからだ、と分かったとします。またシャンプー時に目を開ける原因は、目を閉じているとお風呂場におばけがいると思うからだ、と分かったとします。お風呂場におばけがいると思う原因は、おばけの存在を普段から信じているからだ、と分かったとします。では逆行します。まず、根本の原因がおばけの存在を信じていることなので、おばけなんか絶対いないことを知らなければなりません。そのため、誰か偉い人に、おばけなんか絶対いないことを教えてもらいます。こうして、おばけがいないことを徹底的に納得すればいいんですね。そしたら、お風呂場で目を閉じることができます。目を閉じてシャンプーすると、目にシャンプーが入りません。目にシャンプーが入らなかったら、シャンプーが怖いという苦はなくなりました。

シャンプーから連鎖が始まって、おばけに繋がっているわけです。

急に崇高なことを述べますが、人は結局老いて死にます。これがどうしても逃れられない苦です。だからブッダは、十二因縁において、最終的な苦を「老死《ろうし》」としました。その原因を「生《しょう》」としました。生まれることです。そしてその原因を「有《う》」としました。存在していることです。その原因を「取《しゅ》」としました。執着することです。その原因を「愛《あい》」としました。愛着のことです。その原因を「受《じゅ》」としました。なにかを見た時、最初に湧く感情のことです。その原因を「触《そく》」としました。ものを判断できる状態のことです。その原因を「六処《ろくしょ》」としました。視覚、聴覚、嗅覚、味覚、触覚、心の六つです。その原因を「名色《みょうしき》」としました。名称と形のあるもののことです。その原因を「識《しき》」としました。大本の認識のことです。その原因を「行《ぎょう》」としました。長い間遺伝で培われた、生物的な行動のことです。そして、その原因を「無《む》明《みょう》」としました。知らないことです。苦の根本原因は、知らないことだったんです。

「ちょっと、十二因縁のこと焦《じ》らされたからそこそこ楽しみにしてたのに、なんなんこのむずいやつ」

という声が聞こえてきそうです。これはバリむずいです。要は、無明を滅すれば、行が滅して、行が滅すれば識が滅して、というふうに、将棋倒し式に滅んでいくよということだと思います。とにかく最初に知らないことを潰さないといけないみたいです。

久しぶりに再会した友人と喋っていて、ふとした発言で空気を悪くしてしまうことがあります。

「久しぶりやなあ。せやせや、確かお前のとこのおばあちゃんて、めっちゃおもしろかったよなあ」

「ああ、ばあちゃん去年死んでん」

「あ」

つまり、その事実を知らないからこんな惨劇が起こるわけですもんね。真実を知っておくべきなんですよね。知らないことがまずだめなんだというブッダの考察は、いろんな状況で教訓となるような気がします。

そして、遂に苦がなくなった状態を、「涅槃寂静《ねはんじゃくじょう》」といいます。あっさり述べますと、仏教は、「涅槃寂静」を目指しています。

先ほどの、「諸行無常」「諸法無我」と、この「涅槃寂静」を合わせて、三法印《さんぼういん》といいます。大乗仏教で重宝される言葉です。

また、この世は苦しいことばかりだ、というのを正式な仏教の言葉にすると、「一《いっ》切皆苦《さいかいく》」となります。

先ほどの三法印と、この「一切皆苦」を合わせて、四法印《しほういん》といいます。これも大乗仏教で重宝される言葉です。

さて、三法印と四法印を仰々しく文面に出しましたが、しれっと大乗仏教という言葉も出しました。

「大乗仏教」と「上座部仏教」——「律、厳しすぎへん?」「そうかいな?」

仏教は、枝分かれしていると前述しました。現在も、大きく二つに分かれています。

それが、大乗仏教と上座部《じょうざぶ》仏教です。大乗仏教の人は、上座部仏教を見下げて小乗仏教と呼んだりもします。でも、上座部の本人たちは、

「上座部仏教だ」

と仰《おっしゃ》っているので、ここでは上座部仏教と表記させていただきます。

ブッダの死後、たくさんの弟子たちは、師匠から聞いた世の真理である「法」と、修行するための決まりごとである「律」を書きまとめ、それに倣って生活していました。法と律です。法律になりましたね。実は仏教用語だったんですね。

しかしそれから一〇〇年くらい経つと、大人数になった仏教教団の中では、少々不満の声が上がるようになりました。

「ちょっと律の方、厳しすぎるんじゃないの」

「ちょっと律が厳しすぎるから、緩めの律に変えてほしいなあ」

「法はええけど、律やばいよなあ。もっと自由にへをこきたいよう」

とはいうものの、

「ブッダ大師匠が決めてくださったんだから、きっちり守りましょうよ」

「そうだそうだ」

「絶対そうだ」

「こくなこくな」

というまじめな意見もたくさんありました。

そこで、緩めて派の人と、そのまま派の人で、仏教教団を分けることになりました。

緩めて派の人は大衆部、そのまま派の人は上座部と呼ばれるようになりました。これを、根本分裂といいます。口に出して言いたくなる言葉ですね。「根本分裂」です。響きがいいですよね。「コンポンブンレツ」です。「遼東半島」みたいに言いたくなりますね。小気味良く「ン」が入るんですね。でも「三国干渉」の方が言いたいという人もいます。いや、「三寒四温」の響きが最高だという人もいます。

まさにこんな感じで仏教は、いろんな意見が出てきて、いろんな派閥に分裂していくことになります。分裂した派は、それぞれブッダの教えを深く研究して、

「これが本物や」

「いやいや、これが本物や」

「やかましい。これこそ、ブッダの教えを完璧にまとめたものだ」

と、主張していきます。この時代の仏教を、部派仏教といいます。ブッダの入滅後

数百年の間、こんな時代が続きました。

上座部の人は、やはり正統にブッダの教えを受け継ぎたいですから、相当の研究をします。相当の研究をして学者風になってくると、民衆からは疎外されていきます。

「そんな難しいこと知らんがな」

「ちょいちょいお布施してやってんのに、よう分からんことしか言いよらへん」

「十二因縁についてそない詳しい言われても、難しすぎて眠たあなってくるわ」

民衆は、どちらかといえば、ブッダの供養に一生懸命でした。

ブッダの遺骨は、仏塔にお祀《まつ》りされていました。そして、年々この仏塔は増えて、分骨されるようになりました。この仏塔をストゥーパといいます。中国語で音写すると「卒塔婆」となります。「そとば」です。今でもお墓参りに行くと、たまに卒塔婆という木の札をもらいますね。塔婆ともいいます。漢字がいっぱい書いてある札です。あれはこのストゥーパからきています。

また、ブッダの遺骨を仏舎利《ぶっしゃり》といいます。舎利ともいいます。お寿司のシャリも、もちろんこの舎利からきてます。もちろん銀シャリとなっても、この舎利からきています。それくらい綺麗な米ということです。弟子のシャーリプトラを漢字で書くと

「舎利子」と舎利が入りますが、それはたまたまです。

生前ブッダは、遺骨を祀ることなど全く望んでなかったんですが、第一章の最後で申しました通り、八つの部族がそれぞれ仏舎利を持ち帰り、各々が仏舎利を安置する仏塔を建てたんです。そうすると民衆は、ブッダはいいことを教えてくれたありがたい人だということで、続々と仏塔にお参りします。そういう人たちが、

「なんかもっと、みんなでブッダの教えを知ることができるような集団ないの」

と、新しい集団を求めるようになります。そこで出来上がってきたのが、大乗仏教です。大きく乗ると書きます。つまり、大きい船にみんなで乗って、みんなで救われようという派閥なんです。

「だってブッダも、修行した弟子たちだけを救おうとしてたわけではないでしょ。一般民衆もみんな救おうとしてはったでしょ」

という意見も多かったんですね。最初の根本分裂から、もう何百年も経っていました。ですから、もう派閥はかなり細かく分裂していて、単に大衆部が大乗仏教になって、上座部が上座部仏教になって、というわけでもないみたいです。ここは、賛否両論あるみたいなので、そっとしておきます。自由党、自由民主党、民主党、民主社会

党、社会民主党、とかの系譜みたいに、ぐにゃあぐにゃあっとなってるんでしょうね。

大乗仏教は別名、菩薩《ぼさつ》信仰ともいいます。菩薩さんがよく出てくるから、そう呼ばれています。菩薩とは、一応まだ修行段階の仏さんです。日本でも菩薩さんは馴染《なじ》みの深い言葉ですよね。上座部は、ブッダの教えを正統に守るということを第一義にしていますから、基本的に菩薩さんなどは出てきません。最高位である如来《にょらい》ランクの、釈迦如来だけ出てきます。

そして大乗仏教と上座部仏教は、東方のいろんな国々へ伝えられていきます。大乗仏教は北伝といって、中国、朝鮮半島、日本、ベトナム、チベットに伝わりました。上座部仏教は南伝といって、スリランカ、カンボジア、タイ、ラオス、ミャンマーなど東南アジアに伝わりました。南伝となると、『南総里見八犬伝』の省略形みたいですね。もちろん関係ありません。南海電鉄は、更に関係ありません。

日本は、大乗仏教の流れを受けています。だから日本のお寺には、菩薩さんをはじめ、いろんな仏さんがいてはるんですね。この「仏さん」は、主に仏像をイメージしていただくと分かりやすいと思いますが、一応は、思想としての様々な仏さんというニュアンスです。では、いつの間にいろんな仏さんが出現したのでしょうか。ブッダだけではなかったんでしょうか。

それは、いろんな経典に分かれたことによって、いろんな仏さんが現れたと思っていただけるといいかと存じます。また、土着の神様と結びついた仏さんもたくさんいらっしゃいます。動物と混ざっている形態の仏さんなどは、そのタイプだと思ってください。阿修羅《あしゅら》像で有名な、八部衆《はちぶしゅう》像とかはそのタイプです。

しかも、ちょいちょい申しておりますように、仏さんにはランクがあって、上から如来、菩薩、明王《みょうおう》、天《てん》となっています。このお話はおもしろいので、まだ後にとっておきます。

この世は「空」だと教えてくれる般若心経とアーモンドチョコレート

大乗仏教の特徴は、先ほどの菩薩さんがたくさん出てくるところと、般若心経が出てくるところです。

今、日本で唱えられている般若心経は、サンスクリット語、つまり梵字《ぼんじ》で書かれていた般若心経の教えを、中国語に訳したものです。一番有名なのが、『西遊記』の三蔵法師が訳したものです。『西遊記』は天竺《てんじく》に向かっていますが、天竺とはブッダがいたところらへんのことを指します。そこに、般若心経の元になるサンスクリット語の経典を取りにいく物語が、『西遊記』です。その中国語版般若心経が、日本に伝えられたんです。

三蔵法師の本名は、玄奘《げんじょう》といいます。玄奘は偉いお坊さんで、もちろん弟子がいました。弟子の中には、日本から遣唐使として派遣された、道昭《どうしょう》というお坊さんもいました。この道昭が、日本に般若心経を伝えた人だといわれています。だから、わりに訳したてほやほやの般若心経が入ってきてたんですね。

ちなみに道昭の弟子には、行基《ぎょうき》というお坊さんがいます。この人は東大寺の大仏さんを造立する時に尽力したお坊さんで、今でも奈良では有名人です。なぜなら、近鉄奈良駅の前に噴水があって、その中央に行基が立っているからです。もちろん銅像です。銅像の行基は、あるところを向いて立っています。さて、それはどこでしょうか。これは、奈良の人間が得意気に出すクイズの一つです。すばやく答え合わせをします。

大仏さんの方を向いていています。

肝心の般若心経ですが、つまり昔の中国語なんですね。昔の中国語といえば、中学や高校で習う漢文と一緒ですから、レ点や一二点などをつけることによって、日本人でもその内容を理解することができます。

また、般若心経とは略称で、正式には般若波羅蜜多《はらみった》心経といいます。この般若波羅蜜多はサンスクリット語の音写です。サンスクリット語で、プラジュニャーパーラミターと発音します。その意味は「智慧《ちえ》の完成」です。つまり、般若心経とは、智慧を完成させるための教えということになります。

ではどういう智慧を完成させなければならないんでしょうか。それは、「空《くう》」を知ることです。難しいですね。「色即是空《しきそくぜくう》」という言葉は知ってる方も多いと思います。「色即是空」の意味は、「この世は色であって、それはとりもなおさず空である」みたいになります。色とは、「物質的現象」と日本語訳されます。つまり、先述のカレー理論です。おたまに掬われた部分は、一時的な現象として物質的に現れているだけだ、という感じですね。そしてそれが「空」だというんです。空はつまり、実体を欠いているということです。漢文のテストで般若心経の全文が出たとして、「この漢文で最も重要な漢字一文字を抜き出しなさい」と問われれば、解答欄に「空」と書くべきです。一〇〇点もらえます。

要するに、この世は空《むな》しく、空っぽのようであり、空のように、青く色が見えていてもその実体はないものであり、地表に見えているものも空の青さも同じようなもので、悉《ことごと》く実体はないのだ、という「空」です。個人的には、空っぽ、の感じがしっくりきます。

スライド式で箱を開けるアーモンドチョコレートがあります。今、あの箱が閉まっている状態で、机の上に置いてあるとします。絶対一つ食べたくなりますね。なぜなら、箱においしそうなアーモンドチョコレートが印刷されてますからね。食欲を煽《あお》られるんですよね。そして、箱を開けた時、中身が空だったら、残念ですよね。

「なんやねん、入ってへんのかえ」

つまり、開ける前に中身があると思ってたから、残念感があるんです。中身がありそうな箱の雰囲気、おいしそうなアーモンドチョコレートの写真に、煩悩をくすぐられたんです。ところが、最初からその中身が「空」だと思っていたら、そんなに残念ではありません。さて、そこにまた他の人がやってきます。

「あれ、アーモンドチョコレートや。一つもらお」

そこで、もう既にこれは「空」だと知ってる人は、新たにアーモンドチョコレート狙いでやってきた人に教えてあげますよね。

「それ空やで」

この、前もって「空やで」と教えてくれているのが、般若心経です。

「あ、ありそうやと思ってるやろ。色なだけやで。実は空やで」

と言ってるんです。

「幸あれよ」by 菩薩

では、誰がそんなことを言ってるんでしょうか。第一章でちょっとだけ触れたので、みなさん覚えてくださってると思います。観音さんです。観音菩薩ともいいます。観《かん》世音《ぜおん》菩薩ともいいます。観自在《かんじざい》菩薩ともいいます。いろいろ呼び方があります。みんな興味津々なんです。ここでは、観自在菩薩で統一します。なぜなら、般若心経には、

「観自在菩薩」の語句で出てくるからです。

般若心経は、最初ナレーションから始まって、後はずっと観自在菩薩のお喋りパートとなります。日本昔話で説明すると、「昔、大和《やまと》の国で、よく働くおじいさんがおったそうな」だけナレーションで、その後、ずっとおじいさんの一人喋りがあるような感じです。でも、独り言は寂しいですよね。だから、観自在菩薩にはちゃんと聞き役がいます。その聞き役が、ブッダの弟子であるシャーリプトラです。本来ならブッダがシャーリプトラに喋るべきなんですが、ブッダは忙しいし、より専門的な大乗仏教の般若波羅蜜多イズムを話すとなって、代わりに観自在菩薩が喋ってるんです。

「この世は空やからな。物体も肉体も精神も悉く実体はないからな。これが真実やからな、それを理解できる智慧を完成させろよ。がんばれよ。幸あれよ」

と、大体こんな内容になります。

子供の頃から、月一回家に来て、仏壇の前で般若心経を唱えているお坊さんが不思議でした。うちのご先祖さんに向かって、なにを言うてはんねやろ、と思ってたんです。でも大きくなって、般若心経の意味を調べた時、分かったんです。なるほど、だから仏壇に向かって般若心経を唱えてるんや、と納得できたんです。あの儀式は、死んだご先祖さんに向かって、あなた方は死んだみたいになってるけど、元々そんなもんないんですわ、なんにもないんですわ、生きてるも死んでるも一緒なんですわ、だから気にせんとってくださいね、と言うてはるんやと分かったんです。

そう分かってから、仏壇の間に行って、生きてるも死んでるもないんや、一緒なんや、と思いながらご先祖さんの遺影を見上げると、ご先祖さんがいつもより笑ってはるように見えたんです。それが怖くて怖くて、すぐにそこを飛び出したんです。

でも案外、前から笑ってはったんですね。そう見てなかっただけなんですよ。ある考えを持ってからあるものを見た時、見え方は変わるもんです。

雨雲から雷が出てくることを知らない人は、余裕で雨雲に手を伸ばせますね。でも、雨雲から雷が出てくることを知った人は、怖くて雨雲に手を伸ばせませんよね。また、けつの穴から汚いババが出てくることを知らない人は、余裕で他人のけつの穴を触れますね。でも、けつの穴から汚いババが出てくることを知ってしまった人は、汚くて他人のけつの穴を触れませんよね。知った後は、見え方が変わってるんです。

いずれにせよ、知ってた方が安全ですよね。ということは、やはり「無明」が一番の過ちなのかもしれません。知らぬが仏ともいいますけどね。

仏教と死と鯖とブリ

それにしても、いつから宗教と死ぬことが結びついたんでしょうか。仏教と死はどうしようもなく結束しているように思いますよね。

苦しいこととしての死にはブッダも触れていますが、死んだらお葬式して、供養して、とかは説いていません。どちらかというと、ブッダは死への恐怖を克服するような教えを説いています。

映画を観てると、キリスト教の国でも、お墓とキリスト教が結びついているようなシーンがあります。十字架のお墓を目にすることもあります。やはり、死んだら宗教が登場するんです。個人的にはスノーボードとレゲエが結びついた時が一番不思議でしたが、宗教と死が結びつくのも少々不思議な気がします。ということで、この点について、ちょっとだけ考察してみたいと思います。

知性を持った人間は、死ぬことを深く考えるようになりました。日本人も仏教が日本に入ってくる前から、人が死ぬとは一体なんなんだ、と考えていたようです。遺体の埋葬などに、そんな心理が窺えます。やっぱり、この、今ある意識がなくなってしまうのって不安ですよね。死んだらこの意識ってどうなるの、って思いますよね。分からないからこそ、恐ろしいですよね。また、周りの人が死ぬのは、果てしなく悲しいことですね。さっきまで動いていた人が、全く動かなくなるわけですから、そら受け入れにくいですよ。でも、絶対に免れることはできません。昔の人たちも、この不可避な真理に畏怖し、必ず死について思いを巡らしていたはずです。

そもそも宗教は、人間のために作られたものです。鯖《さば》のためではありません。鯖を幸福にしようとしたものではありません。人間がより幸福になるために生み出された思考です。逆にいえば、人間が辛いことを辛いと思わないようにするための指針です。辛い時の救いが宗教となると、人間にとって一番辛いことはやはり死ぬことですから、その辛いことに宗教は寄って来てくれたのではないでしょうか。こう考えると、宗教と死が結びつくのは案外自然な流れなのかもしれません。

不安になった時に頼りたくなる教義が宗教であれば、不安になった時に頼りたくなる人間は、先生ですよね。どの高校に願書を出そうか、迷った時は先生に相談しましたもんね。先生にもいろいろありますが、仏教の国においては、生まれた時の先生はお医者さん、老いた時の先生もお医者さん、病気になった時の先生こそお医者さんで、死んだ時の先生はお坊さんなのかもしれません。お葬式でのお坊さんは、とてもいいお話をしてくださいます。それはまるで、授業中の余談みたいです。

鯖の話に戻りますが、鯖が死ぬ度に一匹ずつお葬式をあげてたら、今のままでは人手が足りないので、人間のほとんどがお坊さんにならなければなりません。そんなことをしなくてもいいようになっていることを考えると、鯖には感謝しかありませんね。葬式もせず、しかもむしゃむしゃ食べるんですからね。鯖は自然界の摂理を飲み込んでくれていて、人間のようにいちいち死に対して不安にならず、まあ死んでもしゃあないという心構えでいてくれているんです。既に仏なんですね。さて、めちゃめちゃへが出そうなことを綴《つづ》りますが、こう考えると鯖はとてもサバサバしています。

今これを読んだみなさんは、鯖ではなく、「ブリ」とへが出たかもしれません。あ、ブリは漢字で鰤と書きます。「魚」へんに師匠の「師」です。ではここで、なぜ「魚」へんに「師」なのかという語源を説明したいのですが、少し立ち止まって冷静に考えてみます。この語源にもやはり諸説はあるわけです。そしてそれらは、いまいち感動の薄いもので、ここに羅列するには及ばないと考えられます。ですので、こちらに関しては、勝手にオリジナルの語源を作ってみたいと思います。

悟りの境地に達していたブッダ師匠は、やはり鯖のようにサバサバしてはりました。そこに弟子がやってきて、

「師匠、どうしたらそんな鯖みたいにできるんですか」

と尋ねました。すると師匠は、

「魚ってな、一日中ずっと目を開けたまんまやねん。すごいやろ」

と答えました。

ちなみに、仏具の木魚は、読経中に眠たくなるのは分かるけど、魚みたいに目を開けとかなあかんよ、というぅ眠気覚ましの意味で、「魚」になってるそうです。これは本当です。

そして弟子は焦りました。

「ならば、魚みたいに寝ないことが一番いい修行ということですか」

「いや、ちゃうやん。前から言うてるやん。阿那律《あなりつ》ていう弟子が寝えへんから、寝ろて言うてるやん。ほんで魚はちゃんと寝てんねん。寝てる時も目を閉じてへんだけやねん」

これを聞いていた弟子たちは、

「ほな海行って、魚見てきますわ」

と、みんなで海に出かけました。

砂浜に着くと、一匹のでかい魚が浜に打ち上げられていました。

「うわ、この魚、死んでるのにまだ目開いてるわあ」

「ほんまや。師匠が言うてはった通りや。ずっと目開いてるわ」

「死んでるのに、生きてる時と同じっていうことなんか」

「涅槃か」

「それにしても、これなんの魚やろ。鯖かな。ちゃうな。もっとでかいな」

そこで見た魚が実はブリだったことから、師匠に教えてもらった魚、転じて「鰤」

となったわけです。嘘《うそ》です。摩訶《まか》な嘘です。

けれどもこの嘘によって、木魚に関する雑学話を一つ案内することができました。

となるとやはり、嘘も方便ということになりますね。ちなみにこの「方便」は、第五
章の冒頭に繋がっています。全部繋がっていますが、各ページと手の繋がりによって
読者の手から水分を奪ってしまうのは、本当に心苦しいことです。

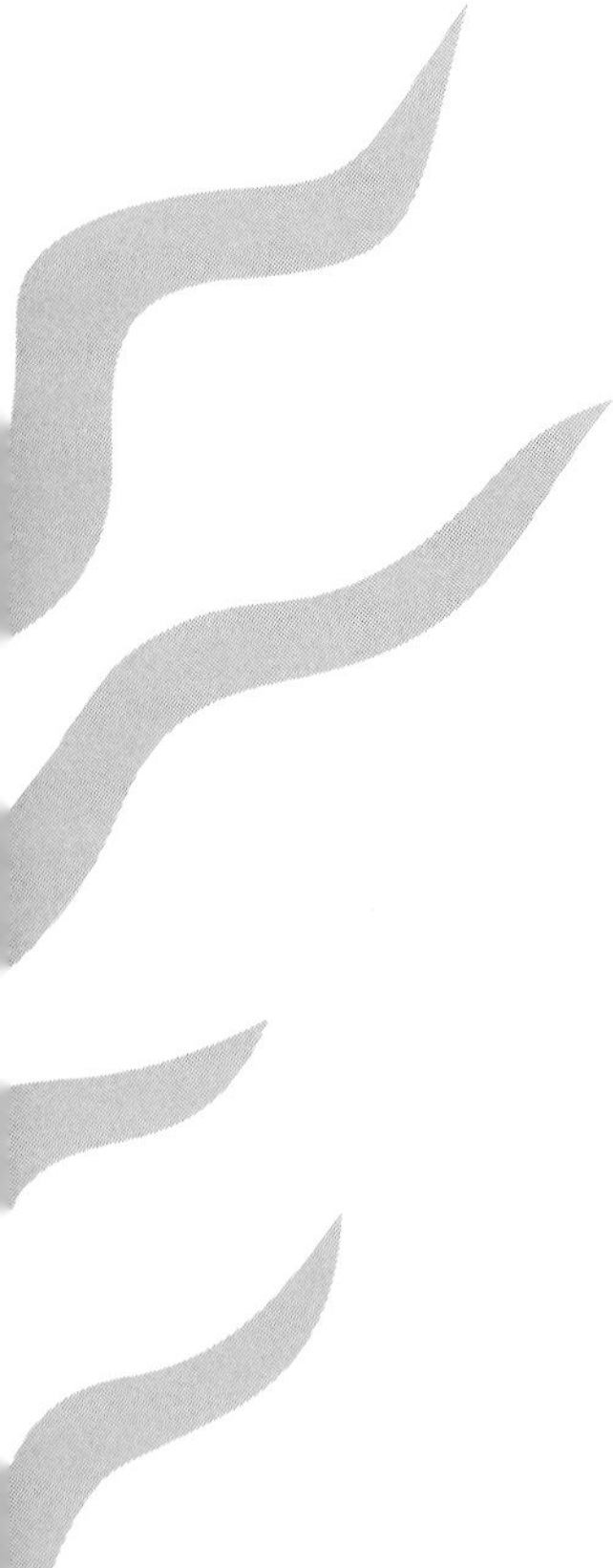

第三章

日本の仏教ってこないなってるんです

大乗仏教はインドからどこにツタワッタン？

紀元前か紀元後か分からないくらいの時、大乗仏教はまず、インドからアフガニスタンの東部に伝わりました。このアフガニスタン東部地域を、ガンダーラといいます。この名前は聞いたことある人が多いと思います。テレビの「西遊記」で、ゴダイゴが「ガンダーラ」というエンディング曲を歌ってました。オープニング曲は「モンキー・マジック」でした。モンキー・マジックは孫悟空の魔法で、ガンダーラは古代に存在した王国の名前です。ちなみにゴダイゴは、GODIEGOと表記し、これはGO DIE GO「進んで、死んでも、また進んで」という永久的な前進の意味があったり、「生きて、死んで、また生きて」という輪廻《りんね》のニュアンスもあるらしいです。もちろん後醍醐天皇も近因しているらしいです。それにしてもゴダイゴは、名前から曲まで、全部渋いですね。司会者が「ゴダイゴで、ガンダーラ」と紹介したら、

「いや、渋すぎるやろ」

と大声で言います。

　ガンダーラに伝わった大乗仏教は、それから中央アジアに広がりました。中央アジアとは、アフガニスタンより北側の、カザフスタンとかウズベキスタンとかがあるところです。タンタンと伝わっていきました。アフガニスタンから、カザフスタンやウズベキスタンにツタワッタンです。そしてその中央アジアから、中国の方に伝播《でんぱ》しました。

　少々地図に詳しい人なら、あれ、インドから直接中国にも伝わらなかったの、と疑問に思われたかもしれません。インドから北西に伝播するなら、インドから北東にも伝播しろよ、という感覚です。そう思った方々に、分かりやすいご案内をいたします。

　インドと中国の間には、でっかいヒマラヤ山脈があるんですよ。いわば塀ですね。

　宅配の人が届け先のお屋敷の周りで、

「しかしでっかい塀やなあ。この塀の向こうはどんな感じになってるんやろ。どんな人が住んでるんやろ」

と、ぼやきながら塀伝いに歩いてたら、いつか塀がなくなってて、そこからお届け物を持って行ったような感じですね。

「すいませえん。すいませえん。あれ、人いてないのかな。すいませえん。ちょっと失礼しますう。塀がなくなったんで、中入ってきましたけどお。誰かいませんかあ。呼鈴あるなあ。押してみよ。あれ、押してんのに音鳴らへんなあ」

奥の方を覗《のぞ》くと、そこには溢《あふ》れるほど人がいて、人の数と同じくらいの自転車がありました。上には黄砂が龍のように渦巻いており、北の方には、これまた長い塀が万里に渡っていました。なんかレアな鉱石も盛ってありました。漸《ようや》く、そこの人々にお届け物を渡すと、その中の偉い人たちは、お届け物にとても関心を示しました。

一つの小包みが送り先に届けられると普通はそれで配達終了ですが、仏教が中国などに届けられても、元のインドではまだまだ経典の研究がなされます。まだまだ新しい小包みが梱包《こんぽう》されていきます。

なかでも、大乗仏教において、紀元後二世紀に生まれたナーガールジュナというインドのお坊さんは、大きな業績を残しました。サンスクリット語でナーガールジュナですが、漢字での名前は龍樹《りゅうじゅ》といいます。龍樹の方が渋いので、龍樹で統一します。龍樹は、当時勃興していた大乗仏教を体系化したといわれています。また、教えの中心であった「空《くう》」の概念を一層突き詰め、その観点でブッダの縁起《えんぎ》を説明しました。具体的にいうと、それまで枝分かれしていた大乗仏教には矛盾点が多かったので、それを修正して、ブッダの純粋な教えに戻したような感じだと思います。これが後の大乗仏教に大きな影響を与え、龍樹は日本でも、「八宗《はっしゅう》の祖」といわれています。

「午後に御参拝」で日本に到着

八宗とは、大乗仏教のあらゆる宗派だと思ってください。ちなみに日本での八宗は、「あらゆる宗派」を指す場合もあれば、倶舎宗《くしゃ》、成実宗《じょうじつ》、律宗、法相宗《ほっそう》、三論宗《さんろん》、華厳宗《けごん》の南都六宗に、天台宗、真言宗を入れた八つを指す場合と、天台宗、真言宗、浄土宗、浄土真宗本願寺派、浄土真宗大谷派、臨済宗、曹洞宗、日蓮宗の八つを指す場合があるそうです。ちょっと深入りしましたが、大学受験で日本史を専攻している学生諸君は、南都六宗を覚えているか否かで結果に大きな差が出てくるので、しっかり覚えておいてください。

さて、龍樹がまとめた経典も、やがて北伝で伝播していきます。

そして、後々日本にも流入する経典が、どんどん中国に伝わりました。中国のお坊さんは、サンスクリット語で書かれたたくさんの経典を、母国語である中国語に訳しました。つまり漢字に直しました。

また、伝わった経典を中国のお坊さんが更に熟成させて、中国で新たな宗派も生まれました。

それらは朝鮮半島にも伝わりました。朝鮮半島にはいくつかの国があり、そのうちの一つに百済《くだら》という国がありました。百済は、他の朝鮮半島の国である、高句麗《こうくり》や新羅《しらぎ》と戦争をしていましたが、戦況が劣勢になると、日本に援軍を頼みました。それがきっかけで、初めて仏教が日本に伝えられたと考えられています。

つまり、百済からすると、

「お願い、助けに来て」

ということなんですが、日本はなんのメリットもなく助けにいくわけがありません。そこで百済は、

「来てくれたら最新のグッズあげるで。西の都会で流行《はや》ってる巻物とか像とかあげるで」

と、目新しいもので日本人を誘ったんですね。そして助けにいった代償として日本

がもらったものこそ、仏教というわけです。西暦五三八年説と五五二年説があります。

「ごごにごさんぱいて覚えなはれや」

と、高校の先生が言うてはりました。五五二五三八「午後に御参拝」なんですね。うまい語呂合わせだと思います。研究が進んだ現在では、五三八年説が有力だそうです。「御参拝」の方ですね。こっちが有力でよかったですね。「御参拝」なんですもんね。「午後に」が有力だったら、なんかちょっと、ですもんね。


ただ当時の日本には、朝鮮半島からそこそこたくさんの人々が移住していました。その人々を渡来人といいます。重要歴史用語のわりに、とってもそのままな言葉だと思います。渡来してきた人が、渡来人です。その渡来人が、私的に五三八年以前にも仏教を日本に取り入れていたということも考えられていますが、それは私的だということで、最初の伝来とはされていません。ですから、五五二年説か五三八年説の伝来を、仏教公伝といいます。公に伝わったんですね。公なのに、二説あります。市内に市役所が二か所あるみたいですね。そんなことないですかね。

仏さんと神さん、どっちが大事？

仏教公伝時の日本で、政治の実権を握っていたのは大和朝廷でした。その長が天皇です。そして、現在のお金持ち私立学校法人のように、豪族と呼ばれる有力家系が政治に介入していました。豪族で有名なのは、蘇我氏と物部氏です。

蘇我氏の蘇我稲目《いなめ》という人は、仏教を取り入れた方がいいと、当時の天皇、欽明天皇に提言しました。しかし、物部氏の物部尾輿《おこし》は反対しました。

「日本は神の国でっせ。舶来もんの宗教なんかあきまへんで」

「せやけど、文化の進んだ西の国では、みなこれで勉強してまっせ」

「そうしましたら、蘇我は蘇我の家で、いっぺん仏教してみなはれ」

欽明天皇は、蘇我稲目にお試し崇拝を勧めはりました。

蘇我稲目の仏教好きは、子の蘇我馬子に受け継がれ、物部尾輿の仏教嫌いは、これまた子の物部守屋《もりや》に受け継がれました。そして遂に、蘇我馬子と物部守屋は戦争することになりました。その時、蘇我馬子側についたのが、あの聖徳太子です。結果、蘇我馬子が勝って、蘇我馬子と聖徳太子は仏教を広めることになります。

殊に、聖徳太子は仏教を崇拝し、その教えをかなり体得していました。一説には、ブッダに近い境地に至っていたといわれています。彼の政治を司る根底には、多大に仏教の精神が敷かれていました。それが、彼の制定した十七条の憲法に見られます。その第二条、「篤く三宝を敬へ。三宝とは仏、法、僧なり」は有名な条文ですね。仏はブッダ、法はブッダの教え、僧はブッダの教えを学んでいるお坊さんのことだと思ってください。これも、日本史の試験でよく出るところです。聖徳太子が出てきたら、仏、法、僧です。三法ではなく、三宝です。あと、『三経義疏《ぎしょ》』もテストにたまに出ます。これは、法華経《ほけきょう》、勝鬘経《しょうまんぎょう》、維摩経《ゆいまきょう》という三つのお経に対しての注釈書なんですが、聖徳太子が著者だとされています。中国など、西の大国勢力に対する国民性を築くためにも、仏教が大事だと考えていたんですね。

いつも、聖徳太子と菅原道真の共通点がおもしろいと思ってます。

聖徳太子の時代は、遣隋使《けんずいし》によって中国の文化が日本に導入されました。もちろん仏教のいろんな宗派も流入しました。でも聖徳太子は、中国、つまり隋の皇帝に「日出づる処の天子、書を日没する処の天子に致す」という、やばい文書を送っています。

これを読んだ隋の皇帝は、

「日没するとか日出づるとかは別にええわ。なに小国の日本が天子て言うとんねん」

と、激怒したそうです。古来中国には、自国が世界の中心であるという、中華思想がありました。だから、対等に接しようとする日本に憤慨したんですね。意外にも「日没する」には怒ってないそうです。実はこの文書は二発目で、この前にもやや失礼な文を隋の皇帝に送っていたそうです。つまり、聖徳太子が中国に対して強硬外交だったことが窺えます。


菅原道真の時代は、遣唐使によって中国の文化を取り入れていました。菅原道真は、遣唐使に任命されましたが、

「最近の唐は衰退してるし、ええことありまへん。もうやめときましょ」

と、遣唐使の廃止を進言しました。これもつまり、中国に対して強硬外交なんですよね。


共に強硬外交姿勢の二人は、それはともかくとしても、後世の日本でめちゃ偉い人とされていますね。歴史上において、二大文句なしかしこさんですよ。これは、中国は文化や技術を授けてくれるありがたい国ではあるけど、付き合い方を考えなあかん

で、という現代に至る教訓なんかなと思っています。

さて、これから日本の政治と仏教は密接な関係を持つわけですが、かといってそれまでの日本の神々が退けられるなんてことは全くありませんでした。あくまで日本は神の国だったんです。聖徳太子も、日本の神さんをこの上なく信仰しています。ましてや彼は、天皇を中心とする中央集権国家を目指していましたから、疎《おろそ》かにするはずがありません。なぜなら、天皇の祖先を遡っていくと、神さんになるからです。初代天皇の神武天皇は、あの天照大御神《あまてらすおおみかみ》の、ひひひ孫なんです。もちろん日本の神さんは、絶対的な存在です。

このように、仏教と神道が両立しておりますと、次第に神さんと仏さんは融合していくことになります。これを神仏習合といいます。なんやったら、日本の神さんは、仏さんが仮に姿を変えて出現しているんだという考えも後々出てきます。これを本地《ほんじ》垂迹《すいじゃく》説といいます。昔は、興福寺と春日大社は同じと考えられていたそうです。興福寺の守護神が春日大社とされていたんです。いろんなお寺と神社で、そういう関係性がありました。

今でもそうですよね。クリスマスが終わるとお正月は神社に詣でて、バレンタインでわくわくして、春のお彼岸でご先祖様の供養をして、桜で和の風情を感じたらゴールデンウィークには友達が十字架の前で結婚式を挙げて、それでも祝儀の入れもんは和の極み、鶴、熨斗《のし》、毛筆を尽くしてて、お盆に墓参ってハロウィンして注連縄《しめなわ》の用意をするんです。ごっちゃごちゃですよね。神仏習合どころか、多大にキリスト教の文化も混ざってますもんね。

少し話を戻しますが、遣隋使や遣唐使を通じて、いろんな宗派の仏教が中国から日本に伝わりました。例えば前述の道昭《どうしょう》は、唐に留学し、いっぱい勉強して、日本に法相宗を伝えました。他にもそんなお坊さんがいっぱいいました。そして、それぞれの経典を研究するために、たくさんのお寺が建立されました。平城京の時代には、法相宗など六つの宗派が伝わり、興福寺などの大寺院が研究の拠点となりました。この六つの宗派が、先ほど出てきた「南都六宗」です。受験生のために、いくらでも反復します。南都とは平城京があった奈良のことで、今でも奈良には南都銀行という銀行があります。

現在、奈良県内で「南都」と言うと、それは基本的に南都銀行のことを意味します。

「あいつどこ就職したん」

「あいつは南都や」

「ええとこいったなあ」

南都銀行に就職できたら、奈良では「秀才」のレッテルを貼ってもらえます。

ちなみに、七一〇年平城京遷都の覚え方「なんとみごとな平城京」は、「南都みごとな平城京」でもあるんです。

またこの時代になっても、仏教は中央政府に利用されます。仏教で内政を安定させ、国家を守る政治体制を、鎮護国家といいます。聖武天皇の頃もそうでした。奈良の大仏さんで有名な聖武天皇です。大仏建立に尽力したお坊さんの話は前述しました。

「大仏建立に尽力したのは誰でしたか。賢田偉男《かしこだえらお》くん」

「はい。漢訳の般若心経《はんにゃしんぎょう》を書いたのが玄奘《げんじょう》で、玄奘の弟子が法相宗を日本に伝えた道昭で、道昭の弟子が行基《ぎょうき》で、その行基が大仏建立に尽力しました。近鉄奈良駅前で、大仏の方を向いていています」

「やかましい。聞かれたことだけを答えなさい」

と、先生に怒られますので、賢い人は、人前でのひけらかしに注意しましょう。小学生の時、ひけらかし系の発表をしたやつが、ぼろくそに怒られているのを目の当たりにしました。

奈良の大仏は、ギリシャがきっかけで造られた

さて今まで、仏像の話をずっと避けてきました。なぜなら、ブッダ自身は偶像崇拝のことを言っていないし、奈良の大仏さんが出てきたところで、まとめて解説したかったからです。

奈良の大仏さんは、別名、盧舎那仏《るしゃなぶつ》ないしは毘盧遮那仏《びるしゃなぶつ》と呼ばれます。この毘盧遮那は、サンスクリット語「ヴァイローチャナ」の音写です。毘盧遮那仏の前に摩訶《まか》をくっつけると、摩訶毘盧遮那仏となります。これもまた、偉大なる毘盧遮那仏ということで、こちらは大日如来《にょらい》と呼ばれます。如来ですから最高ランクの仏さんです。ブッダは釈迦如来と呼ばれます。では、大日如来とは誰なんでしょうか。これもまたブッダなんでしょうか。ブッダ以外なんでしょうか。大阪中央環状線と国道一号線の交差点にいた人なんでしょうか。

正解から申しますと、大日如来はブッダではなく、ブッダの死後、インドで考え出された仏さんです。もちろん仏教の開祖はブッダ、お釈迦さんです。でも、お釈迦さんがブッダに、つまり悟った人に、言い換えれば釈迦如来になったのであれば、そのもっと前にも、完全に悟り切っていた仏さんがいるのではないか、となったわけです。宇宙の真理を知り尽くすことが仏なのであれば、宇宙そのものである存在もこれまた仏なのではないか、宇宙の真理そのものであり、空間や時間を超越した、全てはそこに集約され、この、現象として見えているだけの世界では説明のつかないくらい尊い、限りない慈悲を与える存在、そんな感じの仏さんが大日如来です。

後の日本と同じように、古代インドでも神仏習合はあったようで、古くからインドで信仰されていた神々は、仏教に大きな影響を与えました。大日如来もその影響を受けていると考えられています。ちなみに日本の神仏習合の感じでは、大日如来は天照大御神と同じとされています。最上位ですね。太陽ですね。

その大日如来とほぼ同じ毘盧遮那仏をモデルとした像が奈良の大仏さんなんですが、そういう仏像の文化は、一体いつから始まったんでしょうか。ブッダは偶像崇拝のことなんか全く言ってないのに、なにがきっかけで仏像が造られだしたんでしょうか。

その時期は、ガンダーラに仏教が伝わった時ではないかと考えられています。紀元前か紀元後かよう分からん時です。実は、ガンダーラで仏像は造られ始めたんです。ガンダーラという場所には、有名なアレクサンドロス大王の遠征により、ギリシャ方面の文化が流入していました。ギリシャでは美術工芸が盛んで、彫刻の像などがよく作製されていたんです。ミロのビーナスが有名ですね。そういう影響を受けた地域だったので、憧れのブッダやその他いろんな仏さんの像を造りだしたんですね。しかも、ガンダーラは西洋に近いので、西洋人みたいに鼻の高いブッダの像が多いんですよ。整形した人の鼻みたいになっていて、渋いです。

先述の通り、ブッダの遺骨はストゥーパという塔に祀《まつ》られ、民衆がそこを参拝していました。ガンダーラでもそうでした。そして仏像が造られて完成すると、それらはストゥーパの周りに安置されるようになりました。最初は遺骨、つまり仏舎利を崇拝していた民衆も、やがて目に見える仏さん、すなわち仏像を崇拝するようになりました。これは日本のお寺でもみられる変遷です。

そして仏像の文化も、中国、朝鮮半島、日本へと伝播していきます。今も仏像を拝みますよね。五重塔を拝みませんよね。でも五重塔には、仏舎利が入ってるんですよ。

日本には「一三宗五六派」も仏教がある！

今の日本には、いろんな宗派があります。概《おおむ》ね、一三宗五六派あるといわれていま す。本当はもっとあるらしいんですが、この一三宗五六派というのは、伝統があり、その教義ががっちりしてるところを基準に選ばれているそうです。

一三宗とは、法相宗、華厳宗、律宗、天台宗、真言宗、浄土宗、浄土真宗、時宗、融通念仏宗、日蓮宗、臨済宗、曹洞宗、黄檗《おうばく》宗のことです。確かに全部有名ですよね。

「いや、融通念仏宗とか知らん」

なんていう野次は、そっとしておきますね。

また、先述しました南都六宗のうちの倶舎宗、成実宗、三論宗が零《こぼ》れてます。残念な思いがしますけれども、どこかに溶け込んだんでしょうね。

これらは、それぞれ栄えた時代区分などによって分けることができます。奈良仏教、平安仏教、鎌倉仏教、カテゴリームズイ仏教に分けられます。奈良仏教とは南都六宗のことで、法相宗、華厳宗、律宗がこれに該当します。これらは学問的仏教です。平安仏教は、天台宗と真言宗です。これらは密教というくくりに入れられます。鎌倉仏教は、浄土宗、浄土真宗、時宗、日蓮宗、臨済宗、曹洞宗です。鎌倉時代に成立した新仏教です。カテゴリームズイ仏教が融通念仏宗と黄檗宗です。融通念仏宗は、鎌倉時代て言うといてもええけどかなり平安時代やしなあ、という時期に成立した仏教、黄檗宗は江戸時代から普及した仏教であります。カテゴリームズイ仏教を、カテゴリームズイイム教と読んでしまった読者の方は、非常に眠たかったんだと考えられます。

また、五六派も全部羅列したいところなんですが、読者のみなさんが延々と漢字ばっかり読んで、堅苦しい思いをするのは本意ではありませんので、一派だけ書いておきます。臨済宗妙心寺派、などがあります。つまり、臨済宗という宗があって、その中に、なんちゃら派というのがいっぱいある感じです。あと、派のあるところとないところがあって、法相宗や曹洞宗などには派がありません。サッカーのチームで、同じチーム内に、ドリブル派の人やパス派の人、体当たり大好きなファウル派の人が混在するチームもありますが、ユニフォームを摑《つか》みまくるファウル派の人しかいないチームもありますね。一宗一派と、一宗いくつか派があるわけです。

そんな中、なぜ臨済宗妙心寺派を選出したのか、理由を説明します。要は特別扱いさせていただいてるんです。

五年ほど前から、ちょいちょいお寺やホールで、「おもしろ仏教講座」というお喋《しゃべ》りをさせてもらってます。般若心経の本を出してから、おかげさまでそういうお仕事が入るようになりました。それで、最初に呼んでもらったのが、京都の妙心寺だったんです。臨済宗妙心寺派の大本山です。そこで、ゆくゆくお寺の住職になる一〇代の子たちを相手に、仏教講座をやらせてもらいました。大体一〇〇人くらいの少年少女がいてくれてたと思います。

新しくできた綺麗《きれい》な講堂が会場で、とても講義に適していたんですが、その中に入る前がやばかったんです。手前の通路で待機していると、講堂の方から指導員らしきお坊さんの声が聞こえました。

「みなさん、よろしいですか。今から、笑い飯の哲夫先生が、仏教のありがたいお話をしてくださいますから、心して聞くように。途中で寝るようなことは、絶対あってはなりません。では哲夫先生、どうぞ」

厳しめのその声に、いや、芸人がふざけにいく前に、「先生」とか「心して」とか言われたらちょっと出にくくなるから勘弁してほしいなあ、と思いながら、くそ高いテ

ンションで、

「どうもどうもどうも」

と講堂に入ると、そこにいた子たちは、全員きっちり正座して、きっちり手を合わせて迎えてくれていたんです。最高にお笑いではないお客さんがそこにいました。あんな静寂の中に飛び出したのは初めてでしたし、その合わせた手を、一回離してまたすぐに合わせる動作を何度も繰り返したら、それが拍手になるんやで、と思いました。

という以上の特待理由で、一つの派閥のみ紹介させていただきました。他にも仏教講座で呼んでくださったお寺がありますが、紹介できなかった派閥のお寺さん、申し訳ございません。

それではいよいよ、各々の宗派がどんな教えなのかを説明します。

「奈良仏教」はやっぱりだいぶブッダ寄り

まずは法相宗です。これは学問的な仏教ですから、ここのお坊さんは、お葬式関係の仕事をしないそうです。華厳宗と律宗も学問的ですから、同じくお葬式のお勤めをせず、身内が亡くなっても、よそのお坊さんに来てもらうそうです。意外ですよね。

また、各々の宗派にはメインとなるお寺があって、そんなお寺のことを、総本山とか大本山といいます。全国に展開する和菓子屋の総本店みたいな感じです。ラーメンの天下一品でいうと、白川総本店みたいな感じです。宗派によって、総本山と呼んだり、大本山と呼んだり様々だそうです。法相宗の大本山は興福寺と薬師寺です。普通一つなんですが、法相宗は二つあります。奈良の彩華ラーメンには、本店と、ちょっと離れたところに本店の屋台というのが以前ありました。本店が二つあると思っていました。

そして、お寺には必ず御本尊、つまりメインとなる仏さんがいてはります。興福寺の御本尊は、釈迦如来です。薬師寺の御本尊は、薬師如来です。あれ、釈迦如来で統一しないの、と疑問に思われるかもしれませんが、この薬師寺は、天武天皇が奥さんの病気平癒を願って建てたお寺なので、メインは薬の仏さんなんです。

しかし法相宗は、釈迦如来ではなく弥勒菩薩《みろくぼさつ》をメインとする見方があるそうです。弥勒菩薩とは、ブッダの死後、五六億七〇〇〇万年後にこの世に現れて、人々を救済するといわれる仏さんです。だいぶ後です。ではなぜ弥勒菩薩をメインとするのでしょうか。それは、実は過去にも一度弥勒菩薩はインドの地に降りて来て、唯識《ゆいしき》思想を説いて帰ったという伝承があるからだそうです。

さて、唯識思想という難しい言葉が出てきました。これが、法相宗の根幹をなす思想です。唯識とは、めちゃめちゃ簡単にいうと、見えてる物は全て心の外にあるのではなく心の内にある、という意味合いです。全部、唯《ただ》の意識、です。椎茸《しいたけ》の千切りを醤油《しょうゆ》とかで炊いた、大好きな食べ物があります。あんなおいしいのに、あれのことを、

「ナメクジみたいやから食べられへん」

と言う人もいます。おんなじ椎茸でも、人によって全然捉え方が違うわけです。味も見た目も匂いも認識が人それぞれ異なってくるんですから、対象物なんか外にはあらへん、意識の中にしかあらへん、なんもあらへんねんから死ぬのも苦しいことあらへん、という思想です。

次に華厳宗です。大本山は東大寺です。御本尊は、前にも触れました通り、毘盧遮那仏です。ここの根本思想は、全ては互いに交わり合いながら流転し、一つは全部であり、全部は一つであり、そんな宇宙を覆っているのが毘盧遮那仏である、という二

ュアンスです。つまり華厳宗には、自分だけでなく他者のためにみんなのためにという大乗仏教における根本精神がよく表れています。大仏さんも、大きい掌を上に向けて、民衆をごっそり救ってはるわけです。ちなみにあの手には、一人でも多く救おうとしてるので、河童みたいに水掻《か》きがついています。

六分の三に減った南都六宗の三つ目は、律宗です。大本山は、唐招提寺《とうしょうだいじ》です。唐招提寺の御本尊も盧舎那仏です。そしてなにより、この律宗は、あの鑑真が日本に伝えたんですよ。鑑真は有名ですよね。鑑真和上です。唐招提寺を建てた人です。

ある日鑑真は、遣唐使で中国に渡っていた日本のお坊さんから、

「たのんますわあ。日本来てえな。日本来て、日本でそういうこと教えてえな」

と、お願いされます。鑑真の弟子たちは、

「危ないからやめてえな」

と言わんばかりの表情をしています。そして鑑真が訪日の決意をすると、弟子たちは、

「ほな行きますわ」

となったそうです。この時、鑑真は五五歳でした。もう結構なおじさんだったんで

すね。そんな年齢にもかかわらず渡日に踏み切った鑑真でしたが、海賊や裏切り者や天候により、何度も渡航は失敗しました。そして成功したのは、六回目の渡航だったんです。鑑真はもう六七歳になっていました。

そんな困難を乗り越えて伝えられた律宗なんですが、律とは三蔵と呼ばれる、経、律、論のうちの律に依拠します。経とはブッダの教えのことで、律とは規則や道徳で、論とは経と律の注釈書のことです。ちなみに三蔵法師の三蔵は、この三蔵を指します。玄奘は、経も律も論もマスターしていたから、三蔵法師と呼ばれていたんです。

つまり、律宗は規則や道徳を重んじているようです。その中でも、三つの大事な訓戒があります。一つは、定められた戒を守り悪を防ぐこと、二つ目は進んで善を行うこと、三つ目は人々の幸せのために積極的に力を尽くすこと、だそうです。「律」宗というぐらいですからね、とことん律っぽいっすねえ。

いずれの宗派も重きを置くところは異なってますが、全部ブッダが提唱していた雰囲気がありますよね。これが初期型の特徴です。

奥深すぎて秘密になった「密教」の教え

今から、みなさんが最も理解しようとして最も理解しにくいと思っていたであろう、密教のことについて触れますね。学校でも習いますよね。天台宗と真言宗、最澄と空海、伝教大師《でんぎょうだいし》と弘法大師、比叡山延暦寺と高野山金剛峯寺、なんやかんやセットで覚えさせられましたね。でも今回は、敢えてセットを外して、個別にご案内したいと思います。ですが、その前にまず、密教全体のことを説明いたします。

密教とは、秘密の教えということです。なにが秘密なのかといいますと、仏さんが秘密にしてはるよ、ということなんです。密教の対義語を顕教《けんぎょう》といいます。顕教とは、「ブッダが説いた、隠すところのないあきらかな教え」のことで、密教とは、「真理そのものである大日如来が説いた、奥深すぎて簡単にはあきらかにならない教え」のことなんです。

インドにおける初期の仏教では、呪文を唱えるなどの呪術的な行為は、無意味だということで禁止されていました。小学校で、シャーペンが禁止されてたような感じだ

と思います。存在を知ってて便利なのも知ってるけど、

「あかん、鉛筆で書き」

と怒られましたよね。しかし時代が経つにつれて、お坊さんでも虫歯の痛みを和らげる呪文を唱えたり、安産になるよう呪文を唱えたり、また他宗教の影響も受けて、呪文の要素が仏教に取り込まれていきました。シャーペンを使いだしたんですね。

またしばらくして、ヒンドゥー教が新興してくると、それに対抗するため、こうした新しい仏教の理論が体系化され、今までのブッダが説法をする経典ではなく、もっとすごいという大日如来が説法をする形の経典がまとめられていきました。これが密教の経典です。シャーペンとボールペンを一体化させた、シャーボという画期的なペンがあります。遂にシャーボを使いだしたような感じで発展したのが、密教なんです。

「天台宗」はなんでも置いてるドラッグストア

では、まず天台宗なんですが、これがいきなり変化球なんですよ。今までの密教に

ついての説明が、一旦水の泡になります。

「そしたら先に真言宗から説明したらええやん」

と言われても、時代順にいきたいので天台宗からやります。つまり、真言宗は密教専門店なんですが、天台宗は密教も置いてある店なんですよ。水虫のえげつない写真が貼ってあるような薬のみ売ってる薬局もあれば、レジ女異常テンションの、シャンプーも洗剤も薬も売ってる薬局もあります。天台宗は、白衣を着たレジの女が、時々異常なテンションで安売りの日を告げてくる店なんです。最近は若い中国人の店員さんも多いですね。

中国には、店員さんではなく、天台山という山があります。天台宗は、元々そこで智《ち》顗《ぎ》というお坊さんが確立していた宗派でした。

先ほど鑑真が出てきましたね。この賢い鑑真は、中国で一応天台宗のことを勉強していて、天台宗の経典をいくつか日本に持ってきていました。最澄はそれを勉強して、これは本場の中国に渡って研究せなあかんということで、中国で天台教学を学びます。すなわち留学です。そして帰ってきてから始めたのが、日本の天台宗というわけです。

ちなみに、中国の天台宗には密教の要素がありませんでした。

「えええ」

という読者の声が聞こえてきそうです。密教の要素は、最澄が後から天台宗に取り入れたんです。

当時、中国では密教が隆盛していました。その噂《うわさ》を聞いていた日本の天皇や貴族は、最澄に密教のお土産《みやげ》を期待していたんです。新しいものは欲しくなりますもんね。

天台宗のメインとなる教えは、法華経の思想でした。聖徳太子が注釈書を書いていたうちの一つです。正式には妙法蓮華経といいます。仏教では、法の華は蓮の花です。水面で、上等なお椀《わん》みたいに咲く花です。仏さんは、よく蓮の台座に乗ってはります。頭についた妙は、「正しい」みたいな意味になります。

法華経では、釈迦如来つまりブッダを最高位とします。しかし、最澄はそこに密教を取り入れましたから、大日如来も最高位となります。だから天台宗では、御本尊はよく分かりません。一応釈迦如来だという意見もあります。でも総本山である延暦寺の御本尊は、薬師如来です。ちなみにあのドラッグストアでは、そこが薬局であるにもかかわらず、一番目立つところにフリスクが置いてありました。フリスクは薬ではありません。その代わりなんでしょうか、延暦寺の一番偉いさんは、大日如来でもなく釈迦如来でもなく、薬師如来です。

また天台宗は、うちは他の宗派と違うねん、という区分け意識が少ないそうです。元々最澄も、総合的な仏教を目指していたんです。いろんなものが入ってます。そのうちの一つが、密教要素ということになります。つまりは、内科、外科、小児科、整形外科があって、採血の結果もすぐに分かる、総合病院ですね。あら、さっきは薬局で、今回は病院で例えています。メディカル脳が発動しているようです。

総合病院の院長となると、相当な偉いさんです。院長が最澄です。両方とも語尾が、チョウ、チョウですね。最澄院長が開いた天台宗は、これこそ大乗仏教という教えで、智慧《ちえ》をつけ、慈悲を持ち、自他にかかわらず全員が救われるために、菩薩の精神でいることが重要とされています。

ちなみに天台宗には、「朝題目夕念仏」という言葉があります。朝に題目の「南無妙法蓮華経」を唱えて、夕方に「南無阿弥陀仏《なむあみだぶつ》」という念仏を唱えるんです。

こんな感じですから、この天台宗から、後の浄土宗や日蓮宗が派生しています。おまけに禅宗も派生しています。最澄は、禅も学んで取り入れていたんです。だから、後に鎌倉仏教の開祖となる人たちは、大概延暦寺で修行しています。

あと、最澄がわりとあっさり天台宗を日本で始めることができたのは、天皇の後押しがあったからでした。当時、平城京にあった南都六宗のお寺は、とんでもない権力を手にしていました。その影響を受けない政治をするために、桓武天皇は平城京から京都への遷都を決意します。でかいお寺をほったらかしにする作戦です。天皇も、新しい宗派が盛り上がってくれた方が、偉そうな古いお寺を静かにできると考えていたんです。最澄も、南都勢力とめちゃくちゃ喧嘩《けんか》しています。

「お前ら南都に勤めてるだけあって秀才やけどな、頭硬いわ。誰でもがんばったら仏になれるんやて」

「お前な、中国でめっちゃ勉強してきただけあって優秀やけどな、甘いわ。仏なるのはそんな簡単なもんちゃうねん。なれるやつと、なれへんやつがおるねんて。わざわざ出てこんと山の寺こもっとき」

ちなみに最澄が建てた比叡山延暦寺は、天皇がいらっしゃる平安京のちょうど鬼門の位置にあります。これは防波堤のような意味があって、お世話になった天皇を、ひいては国民を、鬼から守っていたんです。

バリバリの天才で、ゴリゴリの修行をした空海が開いた「真言宗」

続いて真言宗ですが、こちらはバリバリの密教です。そして空海は、バリバリの天才です。バリバリの天才が日本でゴリゴリの修行をして、それから中国に行ってバリバリの密教をゴリゴリ勉強して帰ってきましたから、そらどえらいことです。

空海の本名は「まお」といいます。結構今風ですよね。まお少年は、うどんで有名な讃岐の人でしたが、うどんの研究ではなく学問をしたいということで、若い頃から都会に出てバリバリ勉強します。それに飽き足らず、山林で修行し、その後には、高知県の室戸岬にある御厨人窟《みくろど》という洞窟で修行をします。その中から外を見た風景が空と海だけだったので、まお青年は空海と名乗ります。

空海は遣唐使に選ばれ、最澄と共に渡海します。鑑真もそうでしたが、遣唐使とかの航海は本当に至難の業で、大概漂流や遭難をしています。今後の人類のために、命をかけて文化を交流させてくれてたんですよ。敬服に値しますよね。遣唐使は、四隻で一団となって移動していたようで、空海と最澄が渡海する時も、四隻の船で行ったそうです。第一号艇に空海、第二号艇に最澄が乗船しました。

しかし、ちゃんと目的地に着いたのは最澄の乗った第二号艇だけで、空海の第一号艇はめちゃくちゃ南方に流されて、台湾の向かい辺りに漂着したそうです。空海は、そもそも唐の都である長安に行くつもりでしたから、本来ならもっと北方の港に着く予定だったんです。そして、第三号艇と第四号艇は唐に着かなかったそうです。

なんとか唐の都長安に着いた空海は、まず般若三蔵というお坊さんの元で梵字《ぼんじ》を習います。それから恵果という密教の偉いお坊さんに弟子入りをします。恵果は、空海が既に相当な修行を済ませているなと思って、早いうちに密教の奥義を伝授します。

なんせ空海は、日本にいる時から、中国語はもちろん、仏教以外にも儒教や道教もマスターしていたんです。そんな中から、仏教の密教を学ぼうと選出していたわけです。

「君、予習完璧やね。試験も余裕やね」

という生徒には、先生もバリむずい問題を解かせたくなります。

さて、大日如来を中心にいろんな仏さんが描かれた曼荼羅《まんだら》というものがあります。

胎蔵《たいぞう》曼荼羅と金剛界曼荼羅というのがありまして、大日経《だいにちきょう》という経典に基づくのが胎蔵曼荼羅で、母の胎内のような大日如来の慈悲を表しています。大日如来がお母さん、そのお母さんから栄養を送り続けられているのが胎児で、胎児が衆生という感じだと思います。金剛頂経《こんごうちょうきょう》というお経に基づくのが金剛界曼荼羅で、宇宙である大日如来の智慧を表しています。

空海は日本にいる時、大日経を勉強していました。ですから、元々は唐に渡ってこの大日経を詳しく学ぼうとしていました。でも、新しく教えてもらった金剛頂経が素晴らしいと思って、金剛頂経を詳しく勉強しました。真言宗では、この大日経と金剛頂経を二大経典としています。

そんな曼荼羅ですが、広げた曼荼羅の上に目隠しをしてお花を投げる儀式があります。これは灌頂《かんじょう》と呼ばれる儀式の一種で、投華得仏《とうけとくぶつ》といいます。未婚の女性が集まっているところに、花嫁が後ろ向きでブーケを投げる儀式があります。これは男性トイレタイムと呼ばれる儀式の一種で、ブーケトスといいます。ブーケを受け取った女性は次に結婚できるという迷信がありますが、灌頂では、花が落ちたところに描かれている仏さんとご縁を結ぶことができるといわれています。この儀式を空海がやると、胎蔵曼荼羅でも金剛界曼荼羅でも、両方とも大日如来の上に花が載ったそうです。

また真言宗では、空海を崇めて「南無大師遍照金剛《なむだいしへんじょうこんごう》」と唱えます。「南無」はonlyの意味だと思ってください。正式には「帰依します」という意味があり、敬意を表します。大師は、空海のことです。遍照金剛とは、「この世の全てを遍《あまね》く照らす最上の者」という意味で、大日如来のことを指します。これは空海が与えられた称号で、つまり空海は大日如来と同等の名前を与えられたんですね。

そしてわりと早く帰国した空海は、権力に頼らない真言密教の道場を造ろうとします。そこで、山上が蓮の花のような形をしている高野山こそ最高の場と考え、そこにお寺を建てます。これが後の金剛峯寺です。今も、ヘリから高野山を見ると、本当に蓮みたいな形をしてますからすごいですよね。ただ、めちゃくちゃ遠いですよ。めちゃくちゃ上がっていかな着きません。南海電鉄、ケーブルカー、バスと、いっぱい乗り継がな着きません。実際行ってみると、どうやって見つけたんやろ、と思いますよ。

それまでの仏教では、悟りの境地に達して仏になるのはほぼ無理だとされていたんですが、この真言密教の教えは、全ての生命には仏の素質があって、誰でも正しい修行によって、その身のままで仏になれるという「即身成仏《そくしんじょうぶつ》」を根幹としています。

先ほど、「わりと早く帰国した」と述べましたが、やはり偉い人は、お勉強が終わったらすぐ帰ってきます。しかも空海は、宗教のことだけが偉い人でもないんです。灌漑《かんがい》や土木の知識にも長けていて、故郷香川の満濃池《まんのういけ》という溜池《ためいけ》を整備しています。それだけでなく、当時は勉強の機会を与えられていない一般の子供たちのために、私立の学校を建てました。綜藝種智院《しゅげいしゅちいん》といいます。今でも種智院大学という大学があり、綜藝種智院を受け継いでいます。この綜藝種智院という用語も入試で問われがちですので、受験生の方は覚えておいてください。種智院大学を受験される方は、当然覚えておいてください。あと空海は字も抜群にうまいので、この時代に字のうまかった、三筆《さんぴつ》の一人に選ばれています。三筆とは、空海、嵯峨《さが》天皇、橘 逸勢《たちばなのはやなり》の三人です。これも入試でよく出ます。

やはりバリバリですよね。バリバリすぎて、空海は今もまだ生きてはるそうですよ。

「南無阿弥陀仏」は末法時代の流行語

ブッダが亡くなってからしばらくの間は、ブッダの正しい教えが継承されますが、徐々にそれは変化していき、やがて正しい仏法は衰退していくという思想を、末法思想といいます。ブッダ入滅後の一〇〇〇年ないし五〇〇〇年を正法《しょうぼう》、その後の一〇〇〇年を像法《ぞうぼう》、そしてその後の一万年を末法《まっぽう》といいます。正法はちゃんと継承されている時代、像法はその模倣でしかない時代、末法は廃れた時代です。日本では、西暦一〇五二年から世は末法に入ると考えられていました。

これは最近でいう、ノストラダムスの大予言みたいなもんで、一九九九年に世界は終わるといわれると、その直前はめちゃくちゃ不安になりましたよね。確か一九九〇年頃から、あと九年しか残ってないんか、と思うようになっていました。それと一緒です。一〇五二年直前の人々も、なんとかならへんかなあ、と思っていたわけです。

「もうちょっとしかないなあ。なんとかならへんかなあ」

「めちゃめちゃな世の中になるらしいで。なんとかならへんかなあ」

「めちゃめちゃて、どんなんよ」

「知らんねん。なんとかならへんかなあ」

その前から日本には、阿弥陀如来という仏さんが伝わっていました。「あみださん」です。その阿弥陀如来が極楽浄土に連れて行ってくれるという教えを、浄土教といいます。

平安時代になると、最澄の弟子である円仁をはじめ、日本史の教科書に抜群のインパクトで載っている、口から小さい仏さんが何体も出ている像でお馴染《なじ》みの空也という お坊さんや、『往生要集《おうじょうようしゅう》』を書いた源信というお坊さんが、浄土の教えで民衆を救おうとします。また、こちらも覚えているかどうかで受験の差がつく、慶滋保胤《よししげのやすたね》という人が、『日本往生極楽記』を著しました。この書物は、浄土信仰によって極楽浄土を遂げた人の伝記を集めたものです。あれ、極楽浄土を遂げて天国に行った人の話って、一体どうやって調べたんでしょうか。もしかしたら、この時代にもスピリチュアルカウンセラーがいたのかもしれません。

末法が近づいてくると、それを恐れる国民は、現世ではなく来世に期待するようになります。そこで阿弥陀如来に縋《すが》って、極楽浄土を願う浄土教が蔓延《はびこ》りました。

さて、ノストラダムスの大予言同様、一〇五二年が過ぎても世界は潰れませんでした。しかし、人々の間で浄土信仰は廃れずに、それどころか進展します。その頃までの仏教は国家が管理するものだったんですが、スピリチュアルカウンセラーによる分かりやすい読み物などを通して、一般庶民の間により良く浸透していったんですね。

阿弥陀如来は別名、阿弥陀仏で、その前に南無をつけると「南無阿弥陀仏」になります。「なんまいだあ」です。前述してますが、これを念仏といいます。南無阿弥陀仏、つまり、only 阿弥陀仏、あみださんだけに縋ります、という感じです。そして、「なむあみだぶつ」と口に出して唱えることを、称名《しょうみょう》念仏といいます。平安時代末期から、このパターンが台頭します。

まず天台宗の良忍というお坊さんが融通念仏宗を開設します。融通念仏宗では、一人の念仏が万人の念仏と融合するとされており、念仏を一〇回唱えはります。

更に平安時代の末期に近づくと、これまた天台宗の法然が、専修念仏といって、ただひたすら「南無阿弥陀仏」を唱える浄土宗を開設します。この宗派は唱える努力を旨とし、それで救われるとされています。

鎌倉時代に入り、法然の弟子である親鸞《しんらん》は、師匠の教えを発展させます。「悪人正機説」は有名ですよね。悪人こそ救いたいというやつです。これは結構誤解のある歴史用語なんです。どういうことかといいますと、仏さんの善すぎるフィルターから見れば、世の中には善人なんかいるわけがない、つまりみんな悪人なんだから、自分が悪人だと気づいた人を救うのが阿弥陀如来だよ、という教えなんです。こちらは絶対的に阿弥陀如来にお任せするという、他力本願を旨とします。これが浄土真宗です。

しかしながら、浄土宗と浄土真宗の違いてなんなん、とよく疑問に思いますよね。親鸞は法然の弟子なんですもんね。実は、

「師匠以上の浄土真宗を始めるぞ」

なんて親鸞は一言も言ってないんですよ。これは、親鸞の弟子たちが、新しい教団として始めたことなんです。それどころか、親鸞は法然の弟子にしてもらえたことを、なによりも嬉《うれ》しく感じています。

ただ確実に違うところを一つ挙げるとすると、浄土真宗のお坊さんには、肉食や妻帯が昔から認められているところです。

ところで、うさぎの数え方ってご存知ですか。普通なら犬とかと同じように、一匹二匹と数えたいところなんですが、なぜか一羽二羽と数えるんですよね。でもこれって鳥の数え方ですよね。では今から、なぜこんなことになったかを説明します。先に断っておきますが、諸説あります。

仏教では基本的に、四本足の動物を食べることは禁止とされていました。だから、

意外にも鳥は食べてもよかったんです。そして、どうしても四本足の動物を食べたいと思っていたお坊さんが、うさぎの長い耳を見て、

「あれは耳と違う。あれは羽や。翼や。せやから、うさぎは鳥や」

と言いだして、うさぎを食べたんです。こうしてうさぎは鳥とみなされ、一羽二羽と数えるようになったそうです。しかしそれにしても、うさぎ食べたいか、と思いますよね。よっぽどおいしそうに見えたんでしょうね。

さて、一遍を開祖とする時宗は、阿弥陀仏への信心がなくても、「南無阿弥陀仏」と唱えれば極楽往生できるという教えなんです。えらい簡単になりましたねえ。

このようにして、浄土の教えは日本に広まっていきました。そんな中、比叡山をはじめ、いろんなお寺で勉強した日蓮というお坊さんがいました。日蓮は、「立正安国論」という文書を政府に提出し、浄土宗や浄土真宗を邪宗として否定し、このままだと日本はだめになって外国から攻め込まれると唱え、法華経こそがブッダの正しい教えだとし、国家安泰論を主張しました。

その文書が危険文書だとみなされて、日蓮は流罪になります。

しかし間もなくして、モンゴルが日本に攻めてきました。所謂元寇《いわゆるげんこう》です。それでみ

んな、

「なんや、あの人の予言的中してる」

となって、また日蓮本人も、

「的中してる」

と自信を持って、本格的に法華経の流布を政府に訴えます。法華経では、正しい教えを説く者は苦難に遭うという教えもあり、日蓮は自身の信念を確固たるものにしながら、教えを広めていきます。

日蓮宗は法華宗ともいいます。法華経の正式名称は妙法蓮華経というのは前述しました。日蓮宗では「南無妙法蓮華経」と唱えます。only 妙法蓮華経みたいな感じです。

これを題目というのも、やや前述しました。

救われるのも座り方次第な「禅宗」

次に禅宗を説明します。五世紀後半頃、インド人の達磨《だるま》というお坊さんがいました。

達磨は、インドで興っていた禅宗を中国に伝えました。達磨は九年間坐禅《ざぜん》をして手足が腐ったといわれており、あのダルマのモデルになっています。中国に伝わった禅宗は、それから発展し、いくつかの禅宗に分かれました。

中国が宋という国になっていた時、栄西というお坊さんが宋に渡り、臨済宗を日本に伝えました。またその後、道元というお坊さんが曹洞宗を日本に伝えました。

ちなみに、先ほど、よく教科書ではセットにされる天台宗と真言宗を個別で案内しましたので、今回は、普通個別になる臨済宗と曹洞宗をセットでご案内します。

両方とも坐禅をしますが、臨済宗は公案といって、問題を与えられてその謎を解きながら坐禅をするのに対し、曹洞宗はただひたすら坐禅をするという「只管打坐《しかんたざ》」を旨とします。

臨済宗の栄西は、宋でお茶についても勉強し、日本ではそれまで衰退していたお茶の文化を、再び日本に伝えました。更に、お茶は糖尿病などの病気に効能があると紹介しました。こんな時代から糖尿病ってあったんですね。

道元は、ブッダが悟りを開いてもまだ座っていたことを重視して、いくら仏の境地に達したとしても、ただ坐禅することが最高の修行だと考えました。

うちの実家も曹洞宗で、たまに近所のお寺で実施していた坐禅会に行きました。中学生になってから坐禅会に行った時、そこに来ていたのが小学校低学年の子ばかりで、すごく恥ずかしかったのを覚えています。しかも強制的に丸坊主にしなければならない中学だったので、その子たちから、あいつガチの寺のやつか、という顔をされていました。いやいや、これガチちゃうから、という邪念のおかげで、お坊さんにペチっとしてもらえました。

そして禅宗は広まり、継承され、江戸時代になると、中国人の隠元隆琦《いんげんりゅうき》という臨済宗のお坊さんが中国から日本に招待されます。そして、これが本当の臨済宗だよ、という臨済宗を伝えました。もちろんその時、インゲン豆も日本に伝えました。隠元は、正当な臨済宗を臨済黄檗宗と名乗ったりしていて、明治時代に黄檗宗として独立することとなりました。ですから黄檗宗は、今でも中国明朝の雰囲気を残しています。大本山である萬福寺にしても、至るところに中国感が漂っています。しっかりした中華料理屋の入口みたいな門や、カンフーの役者が決闘してそうな屋根を見ることができます。今にもジャッキー・チェンが出てきそうです。

ここの特徴は、一見、禅宗と浄土宗が合わさっている念仏禅というのをやりはるところです。文字通り、坐禅をしながら念仏を唱えはるんですが、単に唱えるのではなく、心の中に仏さんの姿を思い浮かべながら坐禅しはるみたいです。

みなさんの家でも大概そうだと思いますが、うちの家では仏壇のことを、「まんまんちゃん」や「あみだはん」といいます。「あみだはん」となると、やはり阿弥陀仏なんですよね。でもうちの宗派は浄土系ではないんです。そして結局のところ、「まんまんちゃん」も南無阿弥陀仏の幼児語なんだそうです。これは、阿弥陀仏のとんでもないメジャー化がそうさせているんだと思われます。やはり、民衆に分かりやすかったんでしょうね。死ぬのなんかめっちゃ怖いのに、極楽に連れてってくれはるんですもんね。そう考えると、阿弥陀さんって、お弁当のおかず界における卵焼きみたいですね。ブッダはご飯になりますね。シャリですね。

さてこれで、一三宗五六派における一三宗の簡単な解説が終わりました。では今から、五六派全てについて解説したいと思いません。しんどいので、解説しません。このまま解説してしまうと、本も分厚くなってしまいます。重たい本を読者のみなさんに持ち運ばせてしまうのは、本望ではありません。苦行になってしまったら、ブッダのご意向ではありません。

第四章

笑い飯 哲夫流 ブッダも笑う仏像とお寺の話

仏像は「浣腸されている」と思って見るべし！

昨今、お寺巡りがそこそこ流行《はや》っています。御朱印を集める人も増えています。お寺の話をしてくれる居酒屋のマスターも増えています。そこで、みなさんにとって、ますますお寺巡りが有意義なものになるよう、お寺での着眼点をご紹介させていただきます。これも勝手な着眼点ですので、お寺さん、怒らないでください。

まず、仏さんにはランクがあります。最高ランクは、煩悩が全くない如来《にょらい》でした。次にちょっとだけ煩悩を残している菩薩《ぼさつ》、それよりもうちょっとだけ煩悩を残しているのが明王《みょうおう》、明王よりまだもうちょっと煩悩を残しているのが天《てん》です。みんなほとんど煩悩はないんですが、微妙な差で煩悩に違いがあります。如来の煩悩を○とすると、菩薩は○・○○一、明王は○・○一、天は○・一くらい煩悩があると思ってください。

この煩悩の差を踏まえた上で、お寺の仏像を見てください。納得できますよ。なお、仏像を見る際は必ず、全ての仏像は「悪ガキに浣腸《かんちょう》されている」と思いながら見てください。子供の時によくやった、指をケツの穴に突っ込むやつです。

ではまず、如来の場合で解説します。釈迦如来や阿弥陀《あみだ》如来や薬師如来がいてはります。如来は煩悩が全くない状態ですので、浣腸されてても、全く怒っていません。「かまへんよ」という穏やかな表情をしてはります。また、お洒落《しゃれ》したいという煩悩もありませんので、衣装は布切れ一枚を引っ掛けているだけです。寒いよ、暖房入れてよ、という煩悩もありません。すごい薄着です。

次に菩薩です。観音菩薩や日光菩薩や月光菩薩がいてはります。煩悩がほとんどない状態ですので、浣腸されてても全く怒らず、こちらも穏やかな表情をしてはります。ただ、お洒落したいという欲望だけが少し残っていて、首飾りなどのアクセを身につけています。頭に、ティアラのようなアクセをつけている場合も多々あります。

次は明王です。不動明王や愛染《あいぜん》明王がいてはります。このランクになると煩悩が少しあって、浣腸されていることに怒りだします。顔の表情は、如来や菩薩に比べて険しくなってはります。お洒落の欲もあって、やはりアクセをつけています。

最後に天です。四天王である多聞天や広目天などがいてはります。そこそこ煩悩を残しているので、浣腸されていることにブチぎれてはります。またお洒落の欲も相当でてきて、めちゃめちゃお洒落をしています。服装も華美で、かなりのアクセや小物を持ってたりします。そして天は、悪いやつを踏んづけています。この踏んづけられてるやつが、いろんな仏さんに浣腸しまくってた悪ガキなんですね。

ちなみに、毘沙門天《びしゃもんてん》という言葉を聞いたことありますよね。こちらも天の仏さんです。毘沙門天は、四天王の多聞天と同じ仏さんなんです。実は一緒やったんや、と感動しますよね。松任谷と荒井が一緒なんや、の感覚です。だからこの仏さんは、四天王というユニットにも参加して、別名で七福神というユニットにも参加してるんです。清志郎みたいですね。

これらを踏まえて仏さんを拝みにいくと、とても有意義な時間を過ごすことができます。

菩薩と大日如来の「アクセ」のわけ

なお、少しだけアクセ欲がある菩薩には、奥深い意味が隠されています。菩薩は、もう既に煩悩をなくして如来になれる状態であるにもかかわらず、周りのみんながまだまだ煩悩をなくせず、悟りの域に達してないので、それなら自分も少し煩悩を残しておこう、という優しい仏さんなんです。それでアクセ欲を敢えて残してはるんです。つまり、救われるなら、みんなで一斉に救われようとしている仏さんが菩薩なんです。大乗仏教の特徴を表しています。自分一人だけ、ええかっこしないんですね。

例えば、友達どうし五人でつるんでいて、その中の一人が、

「バレへんやろうし、明日から学校に飴ちゃん持ってこよっか」

と提案します。するとみんな、

「そうしよう」

と、のっかります。そしてしばらくは、みんな学校に飴ちゃんを持ってきて、休み時間や授業中に食べたりします。間もなくして、そのうちの一人が、あ、これはダサいことをしてる、と気づきます。でも、まだみんなはそれに気づいていません。だから、ダサいと気づいた子は、自分だけええかっこをせずに、次の日もまだ一応飴ちゃんを学校に持ってきます。そして先生にバレるように、授業中、ボリボリ飴ちゃんを嚙《か》みます。すると先生は、

「お前、なに授業中に飴ちゃん食うとんねん。周りのやつ見てみ。誰もそんなことし

てへんやろ」

と、その子を怒ります。次の休み時間、その子は、飴ちゃんを持ってきている友達に、

「怒られたし、もう飴ちゃん持ってくんのやめよっか」

と提案します。するとみんなも、

「せやなあ」

と共感します。この「せやなあ」が大乗仏教の理想郷であり、「ボリボリ」した子が菩薩なんです。

今度お寺で菩薩さんを拝む時は、飴ちゃんをボリボリ噛んでるんだと想像しながら手を合わせてください。とても救われた気持ちになります。

また、如来はお洒落の欲がないと申しましたが、大日如来だけはアクセをつけています。これは、大日如来が別格であることを表しています。他の如来よりも立場が上とされるので、大日如来だけ、特別に首飾りやティアラでお洒落になっています。もちろん煩悩はありません。崇められてのアクセです。

なお、先ほどからアクセと申しておりますのは、アクセサリーのことです。サリー

を省略している形です。昨今、女性だけでなく、男性でもじゃらじゃらアクセサリーをつける人がいます。アクセサリーは性別を選ばなくなりました。仏さんも性別を超越しています。仏さんは男性でも女性でもありません。それでいて、おかまでもおなべでもありません。

ちなみに全裸の仏さんもいてはりまして、その仏さんのあそこは、蓮の花になっています。となると、一見ちょっと女の子寄りなのかなとも思いますが、金玉袋に見えないこともありません。すなわち、超越してはるんですね。

お寺の「塔」にはロマンが詰まっている

こういった仏さんは基本的に本堂と呼ばれる建物の中に入ってはりますが、本堂と同様に見ていただきたいのが、塔です。お寺には大概、塔があります。五重塔が最も有名ですよね。他にも、三重塔、七重塔、九重塔、十三重塔もあります。塔は、前述のストゥーパを指します。つまり、仏舎利の祀《まつ》ってあるところです。繰り返しますが、お寺の塔には、仏舎利が入ってるんですよ。いわば、ブッダのお墓なんですよ。塔の下に仏舎利が埋葬されていたり、塔の一番上の宝珠《ほうじゅ》に仏舎利が入っていたり、塔の中に仏舎利が安置してあったりします。なかったりもします。

ではブッダのお墓が、なぜあんな高い建物になったかを説明します。それは、民衆が仏舎利の近くまで来なくても、各々の家らへんから仏舎利を拝むことができるようにするためなんです。昔ですから、塔を超す建物なんていうのはなかったんですね。お寺の塔が、一番高い建物だったんです。

「ああ、よう見えてるわあ。あれ仏さんやあ」

と言いながら、手を合わせてはったんでしょうね。今でこそ東寺の五重塔より京都タワーの方が高いですが、昔は京都タワーはなかったんです。

急に東寺という用語を出しましたが、東寺は、京都駅の近所にあるお寺です。新幹線から東寺の五重塔が見えます。京都タワーも京都駅のすぐ横にあります。三筆《さんぴつ》の一人である嵯峨《さが》天皇が、三筆の一人である空海に授けたお寺が、東寺です。

ちなみに京都タワーは、蠟燭《ろうそく》を模した建物だとよく吹聴されます。本当は違うみたいです。灯台を模した建物なんだそうですよ。それも、和歌山の潮岬《しおのみさき》灯台を模してるそうです。なんで京都の駅前で、和歌山の灯台を模した塔を建てたんでしょうね。やはり京都なんですから、お寺にちなんだ蠟燭を模してる方がしっくりきますね。個人的に京都タワーの好きなところは、東京タワーのように塔のみで建っているのではなく、塔の下部がビルになっているところです。ビルで少し高さを稼いでいるところが好きです。いわば、蠟燭を載せる台がついてるんですよ。そのビルのことを、塔台と呼んでやろうと目論んでいます。

話を木造の建物に戻します。五重塔などの塔の上には、金具の棒がついています。あの棒全体を相輪《そうりん》といいます。また、上の方の煙もくもくみたいになってるところを水煙といいます。炎みたいにも見えるので、本来なら火煙としたいとこなんですが、火と名づけると火事になりそうなので、火を消す水で水煙と名づけたそうです。そして相輪の天辺には、スライムのような形をした入れ物がついてます。これが宝珠です。ここに仏舎利を入れることで、民衆は直で仏舎利を拝めるようになったんです。

あと、相輪は避雷針の役割を果たしませんが、めちゃめちゃ雷が落ちたそうです。雷が落ちると、宝珠は破壊され、せっかくの仏舎利がどっかに散らばってしまうことになります。だから仏舎利は、やっぱり下に置いとこか、みたいなことになって、結構お引っ越ししたみたいです。

また、奈良の東大寺には七重塔がありました。東大寺と東寺は似たような名前ですが、直接的に関係はありません。東寺が五重塔で、東大寺は大がつく分、二階多くて七重塔にしてるわけではありません。

大仏建立の詔《みことのり》を出した聖武天皇は、その前に、国分寺と国分尼寺を全国に建てる詔を出しました。国分寺建立の詔といいます。今さらですが、詔とは天皇の命令です。あと、賢い読者の方にはこれも蛇足かもしれませんが、国分寺は男のお坊さんが勤めるお寺で、国分尼寺は、尼さん、つまり女のお坊さんが勤めるお寺です。これが全国にあり、東大寺がその総本山とされました。つまり東大寺も国分寺です。そして、国分寺や国分尼寺には、七重塔を建てるように命じられました。だから、東大寺にも七重塔があったんですね。

五重塔や三重塔はたくさんあるのに、この七重塔がなかなか現存してないんですよ。東大寺には、その復元された相輪だけが展示されています。また、大仏さんの後ろ側に、模型の小さい七重塔があります。本物は高さ一〇〇メートルほどあったそうですよ。だからこそ、七重塔にめちゃめちゃロマンを感じています。ぜひ、「七重塔」を、画像の方でグーグル検索してみてください。同じロマンを感じてもらえると思います。ヤフーの画像検索でも構いません。

九重塔も現存しませんが、「九重塔」も画像検索してください。現存しなくてもロマンがあるのって、無常の美学でかっこいいですね。花火みたいですよね。

五輪塔も塔です。よく偉いさんのお墓で使われている石塔です。元々は、こちらも同じくストゥーパです。ストゥーパは、お墓にある卒塔婆《そとば》、つまり塔婆の語源となっていることは説明済みですね。五輪塔は、下から、四角、丸、三角、半円、宝珠の形をしていて、それぞれ、地、水、火、風、空を表しています。これは、古代インドで世界を構成する五つの要素とされていたものです。中国における陰陽の五行とはちょっと違いますね。インドでは、アース、水、ファイアー、ウィンド、空なんです。

お寺の塔が「二で割り切れない」のはなぜ？

ところでみなさん、お墓の塔婆の形をドゥユーリメンバーしてますか。上の方が、小刻みに削ってあるでしょ。あれは、五輪塔と同じ形をしてるんですよ。下が四角から始まって、その上に丸、その上が三角、そして半円、一番上が宝珠の形をしてるんです。五輪塔はストゥーパ、ストゥーパは卒塔婆、卒塔婆は塔婆、ということなんで、五輪塔と塔婆は一緒の形にしてあるんですよ。この衝撃の事実に初めて気づいた時は、莫大《ばくだい》なへぇえが出ましたよ。納得の「へぇえ」もですし、おならもです。

五輪塔が表す五つの要素は、五重塔でも同じで、一層目が地、二層目が水、三層目が火、四層目が風、五層目が空を表しています。

なお、先ほどの「お墓の塔婆の形をドゥユーリメンバーしてますか」という文章を、文法的におかしいのでは、と思って仕方なかった読者の方もいらっしゃるかもしれません。疑問形英語に疑問形日本語がついてますからね。そう思った方には、

「賢すぎてしんどいことになってるよ」

と言います。

「もっと広い心を持って」

とも言います。

「堅苦しい文の法に執着していたら、穏やかな仏の法を忘れてしまうよ」

とも言います。一言だけでなく、三言も小言を言います。ともすると、五言の小言か、七言の小言になるかもしれません。

つい数行前から奇数に取り憑《つ》かれたかのようになっておりますが、塔の階数って、奇数ばっかりですよね。この理由を説明します。これも陰陽道《おんみょうどう》が絡んでいるんです。陰陽道では、陽に属するもの、陰に属するものが、それぞれ細かく規定されています。そしてそれは、必ず対になっています。例えば、日中は陽、夜は陰、男は陽、女は陰、凸が陽、凹が陰、奇数が陽、偶数が陰、などです。これらは、陽が良くて陰が悪いなんてことは全くなく、お互いに作用してなにかが生まれるということなんですが、なんとなく陽の方に人間は傾いてしまったんですね。だから、陽である奇数階の塔ばっかり造られたんです。

山陰地方の女性の方、決して怒らないでくださいね。陰と陽が互いに絡み合ってなにかが生まれるという思想なんです。男女平等ですし、山陰も山陽も平等です。ちょっと山陰の人口密度が低いだけです。殊に、山陰地方の女性の方は、かわいい人が多いです。大阪のキャバクラで実証済みです。

「かわいいな。地元どこなん」

「鳥取です」

「そうなんや。島根かと思った」

「変わらんやん」

「つっこみうまいな」

お寺の塔は、直ちに思いつく五重塔みたいな木造建築もあれば、石でできている塔もあります。こちらは全体的に石ですので、中に入ったりできないことは一瞬で思いつきます。十三重塔ともなると、やはり木造建築は大変みたいで、石でできているものが多いです。

でも、日本で唯一、木造の十三重塔が現存しているところがあります。奈良県桜井市にある、談山《たんざん》神社というところに建っています。なぜわざわざ「奈良県桜井市」と住所を表記したかと申しますと、うちの地元だからです。うちの地元はいいところだと誇示したかったんです。

もちろん談山神社に行ったこともあります。実物の十三重塔を見たこともあります。マンションの階数を目で数えるように、十三重塔の十三を目で数えたこともあります。ただ、数えてる途中で、どこまでいったかを見失いますので気をつけてください。

さてみなさん、気づかれましたか。談山神社って、神社なんですよね。今までずっとお寺の話をしていて、塔といえばお寺だったのに、今回は神社なんです。不思議ですよね。神社に十三重塔があるんです。

談山神社は、明治以前は妙楽寺というお寺だったんですが、明治時代にそこで働いていたお坊さんがやめて、神社になったんです。

お寺で一番偉い仏さんをご本尊といいますが、神社で一番偉い神さんは、主祭神《しゅさいじん》といいます。ちなみに談山神社の主祭神は、あの中臣鎌足なんです。大化の改新で出てくる人ですね。ちなみに中大兄皇子と中臣鎌足が、大化の改新のことについて相談した山があるそうです。それが談山神社のある場所なんです。談した山なんですよ。

ということで、塔もお寺や神社でご覧いただきたい代物であります。

お寺の中にある「小さな神社」も歴史を語る

次に見てもらいたいのが、神さんです。前項でも少し神社に触れましたが、現存しているお寺の領内には、ほぼ必ず神さんの社があります。小さいですが、あります。お寺の中に神さんの社があるのって、ちょっと意外ですよね。

昔から、お寺と神社は神仏習合で一緒になっていました。仏さんはインドからの舶来もので、神さんは元々日本の地元にいてはる存在です。腕時計で例えると、セイコーが神さん、オメガが仏さんです。お菓子では、アルフォートが神さんで、オレオが仏さんです。舶来ものであるお寺は、仏教独特の遠慮精神で、日本の神さんに敬意を表し、神さんの土地を間借りすることに誠意を示しました。それが、お寺の中に神社を建てるという行為だったんですね。オメガの腕時計をよく見ると、小さくSEIKOと書いてある感じです。実際には書いてません。オレオの間にアルフォートが挟まってる感じです。実際には挟まってません。

しかし、徐々に調子に乗ってその領内に神社を造らないお寺も現れたそうです。そして明治時代に入り、王政復古に伴い、政府は神仏分離令というお達しを出します。先ほどの談山神社も、この指令により神社になりました。そして神仏分離令が出されたことがきっかけで、民衆はお寺を潰しだしたんです。これを廃仏《はいぶつ》毀釈《きしやく》といいます。

「この金持ち坊主が」

と怒鳴りながら潰した人もいたでしょうね。そんな中、一番の標的にされたのは、領内に神さんを祀ってないお寺だったんです。やっぱり日本人は、神さんには手を出せないんですね。領内に神さんを祀っているお寺は、やっぱり恐れ多くて潰されにくかったんです。だから、現存するお寺には、神さんの建物があります。言い換えると、お寺はめちゃめちゃ潰されています。潰されて、名前だけが残っているお寺がたくさんあります。町の人々がお金を出して、復活したお寺もあります。

こんな歴史を念頭に置きながら、お寺で小さい神社を見つけると、

「うわ、やっぱり祀ってる」

と呟《つぶや》きますよ。神社は屋根に特徴があり、端っこが出っ張っています。鳥居まで備え付けてあるところもあります。

伽藍を見ればブームが分かる

みなさん伽藍《がらん》をご存知ですか。「がらーんとしてる」という言葉がありますよね。

だだっ広い商店街に人があんまりいなかったら、

「えらいがらーんとしてるなあ」

と言いますよね。あの「がらーん」の語源にもなってる伽藍です。

伽藍とは、お寺の建物のことを指します。今でこそお寺巡りがブームになってるのでわりと混んでますが、お寺って基本的には、だだっ広い敷地のわりにあんまり人がいなかったんですね。そんなお寺を見た人々は、これぞ伽藍だ、と記憶したことでしょう。そして別の日、昼飯を食べようとでかい食堂にやってきて、そこにほとんど人がいなかったら、伽藍みたいだ、と思ったことでしょう。それで、人いないイコール伽藍となったんですね。語源には諸説あります。

さて、お寺の建物には、塔や本堂の他に、講堂、回廊、中門、南大門などがあります。塔はご存知の通りブッダのお墓で、本堂は金堂ともいわれ、仏像を安置する建物です。また講堂は、お坊さんがお経の勉強をするところで、回廊は日陰になる廊下です。これらの配置具合を伽藍配置といいます。

コンポの形にも流行りの変遷があるように、日本にお寺が造られ始めてから、その伽藍配置は徐々に変遷を遂げてきました。ではどのように変化したのかを説明します。

日本で最初に建てられた大寺院は、飛鳥寺です。飛鳥寺の伽藍配置を、一塔三金堂といいます。一つの塔が真ん中にどっしり建っていて、その周りを三つの金堂が囲んでいる配置となっています。これはつまり、メインが塔で、その補佐役が金堂であることを表しています。塔はブッダのお墓で、金堂には仏像がありましたよね。要するに、初期のお寺は、仏像よりもブッダを信仰する意識が強かったんですね。

次に建てられた大寺院は、四天王寺です。四天王寺の伽藍は、全て縦に一直線に並んでいるのが特徴です。飛鳥寺における、塔の左右に位置する金堂を排除した形になります。これは、そこまで塔守らんでもええんちゃう、金堂一個あったらそのパワー強いし、充分塔守れんのちゃう、という施工をされたんですね。つまり、金堂の中に安置されている仏像のパワーが上昇したんです。

次の大寺院は法隆寺です。こちらは、中門をくぐると、塔と金堂が並列にならんでいます。いよいよ、ブッダの遺骨と仏像が同等になったわけです。参拝者の方に、塔でも金堂でも好きな方に行ってくださいね、門から同じ距離にしときましたよ、という按配《あんばい》になっています。

次にできた大寺院は薬師寺です。門から入ってまっすぐ正面に見えるのが金堂です。

かなり仏像メインになっています。しかも、塔は二つに分けられ、少し際に押されています。ちょっと塔が飾りになってきたような気もします。

次が東大寺なんですが、こちらも門をくぐると正面に金堂があり、もちろん大仏さんですから、相当仏像がメインになっています。また、やはり二つに分けられた塔は、中門から続く回廊より外に追いやられています。メインから遠ざかり、塔の飾り感がかなり強くなってきました。

遂にその後の大安寺となると、もう塔は、敷地内かどうかも分からんようなところに追いやられています。なんせ、お寺の入口である南大門をくぐる手前のところに建てられているんです。これ、どこのお寺用の塔やろ、と思われていたかもしれません。みんな体育館の中で卒業式してるのに、なぜか校長先生だけ、運動場で棒立ちしてるような感じです。卒業証書の授与をはじめとする、卒業式における校長の任務や権限を、全て教頭先生に奪われてしまったんでしょうか。とても哀愁があります。

それにしても、仏教の創始者であるブッダの象徴が、二手に分けられるどころかお外に出されるなんて、なんか心苦しい思いもします。でもこれはつまり、それ以上に仏像崇拝が盛んになってきたことを表しています。

山の伽藍はフリースタイル

家の玄関に、南向きや北向きなどがありますね。いつもややこしくなるんですが、家の人が南を向いて玄関を出ていくのが南向き玄関、北に向かって玄関を出ていくのが北向き玄関です。

基本的にお寺は、南向き玄関です。また、金堂ないし本堂は、必ず南向きに戸があり、仏さん、つまり仏像は必ず南を向いてはります。これは、偉いさんは光を表に浴びておかないといけない、ということなんですね。北半球では、南を向くことで日光に対峙《たいじ》します。平城京や平安京も同じです。天皇のいらっしゃった平城宮や平安京大内裏は、必ず都の最北に位置します。これは、北から南を向いて、光を浴びてらっしゃるわけです。

昔の劇場は、「お客様は神様です」ということで、必ずといっていいほど客席は南を向いていたそうです。仏さんや天皇と同じ方向を向いて観劇してたんですね。今でも、京都の南座という劇場がその趣きを残し、南向きの座席にしてあります。南向きの席だから南座なんや、と思ったら、それは違うそうです。

だから南大門は必ず南を向いていて、参拝者は必ず南から北へ進んでいくんですね。山間に伽藍を配したお寺もたくさんありますが、こちらは平野部に造られるお寺よりも自由度が高い伽藍になります。山の地形に合わせて建てていかないとなりませんからね。比叡山延暦寺や高野山金剛峯寺など、山上に造営されているお寺もあれば、清水寺や長谷寺など、山の中腹に造営されているお寺もあります。

なお、清水寺と長谷寺には、舞台があります。所謂《いわゆる》展望台です。「清水の舞台から飛び降りる」という諺《ことわざ》があるので、圧倒的に清水寺の舞台の方が有名ですが、長谷寺の舞台もめちゃめちゃ豪華です。そしてこの二つの舞台は、よく似ています。なぜ似ているかといいますと、これは両方とも徳川家光公の寄進による建造物だからだそうです。同じ人がお金を出して造ってあげた舞台だから、似てるんです。いわば、家光の趣味ですね。

「またこれ造ってる」

「あの人これ好っきゃねん」

また山の伽藍は、入口の門も南向きでないことが多く、無茶に南大門と名づけられないので、仁王門といったりします。門の中に仁王さんが入ってはるところを全面に出したんですね。

仁王さんが理想の呼吸を教えてくれる

さて、仁王さんが出てきました。中学校で勉強する、金剛力士像ですね。仁王さんはランクでいうと、四天王と同じ天になります。顔の表情が相当険しかったら天だと思ってください。仁王さんは門の左右で二体対になっていて、お寺に仏さんの敵が入ってくるのを防いでいます。それぞれ阿形《あぎょう》と吽形《うんぎょう》と呼ばれます。

阿形は口を「ああ」と開けていて、吽形は口を「うん」と結んでいます。これは、若いヤンキーが絡んでくる時の「ああ」ではなく、また、厳《いか》つさの残るおっさんが、静かに「うん」と凄んでくるやつでもないんですね。

実は、阿形は息を「ああ」と吐いていて、吽形は息を「すうう」と吸っています。口を閉じているので、鼻から吸っています。これは、推測の域を脱しませんが、仁王さんが人間にとっての理想の呼吸法を教えてくれているのかもしれません。よく言いますよね。

「鼻から息吸いなさい」

鼻呼吸にはとても利点があります。例えば、鼻はフィルターの役目をしているらしく、外の汚れた空気を綺麗《きれい》にしてから体内に取り込んでくれています。フィルターの正体は鼻毛や鼻の粘膜であり、フィルターの汚れはもちろん鼻くそです。口から吸うと、汚いまんまの空気を取り込んで、体に良くありません。あと鼻は、取り込む空気の湿度も良質にしてくれます。これも体に良いんです。更に、鼻呼吸で顔が引き締まり、小顔になるそうです。吽形は、この理想形を体現しています。

あと、これもよく言いますよね。

「マラソンの時は、鼻から息吸うて、口から吐けよ」

口から深く息を吐くことが効果的なんですね。つまり、阿形は息を吐く時の理想形を体現しています。

「阿吽の呼吸」という言葉がありますね。この阿吽とは、阿形と吽形のことで、「阿」は息を吐くことを意味し、「吽」は息を吸うことを意味しています。「呼吸」という言葉も、「呼」は吐くことで、「吸」はもちろん吸うことです。ですから「阿吽の呼吸」とは、「吐いて吸うての吐いて吸うて」ということなんです。本来の意味は、息ぴったりでしたね。

また、「あ」と「うん」は、サンスクリット語の文字順でいうと、頭の文字と最後の文字なんだそうです。密教では、最初と最後の梵字《ぼんじ》ということで、この二つが万物の根源を表す象徴とされています。「うん」はほぼ「ん」ですから、サンスクリット語と日本語の類似を感じさせますね。日本語も「あ」から始まり、「ん」で終わりますもんね。「あ」と「ん」で「あん」、「あん」の呼吸、「あん」は喘《あえ》ぎ声の象徴で、喘ぎ声はやはり生命の根源とされていますね。

このように、お寺にお参りすると、歴史の重みや生命の神秘にも触れさせてもらうことができます。ぜひお参りしてください。お参りしたら、ここから今自分の体が液状に溶け出して、大きい大きいカレーの中に混ざっていくんだ、と思いながら浄財をほりこんでください。浄財とは、神社でいうところの賽銭《さいせん》です。そして静かに手を合わせたら、どうなると思いますか。どこからともなく、ふんわりとカレーの匂いがしてくるかもしれませんよ。

コラム2

青春の睨みをきかせる仏像

秋空にうろこ雲が広がるある日の夕方、やや外気が鼻を攻めるようになったことを快く思いながら、のほほんと自転車をこいでいました。中学二年の時です。川沿いを軽快にこいでいると、前方の少し高台になっているところで、一つ上の先輩が立ってるのに気づきました。ヤンキー風であったその先輩は、彼女らしき女の人とその場で抱き合っていました。羨ましい、めちゃくちゃ羨ましい、と思いました。そして呆然《ぼうぜん》と眺めながら横を通過しようとした時、その先輩は、こちらにメンチを切ってきたんです。

なんやそれ、と思いました。女と抱き合うなんていう贅沢《ぜいたく》なことをしておきながら、なんにも贅沢してない者を睨《にら》んだんです。悔しいけど、そんなことよりやっぱりなんやそれ、と思いました。見るな、ということなんかな、でも、こんなとこで抱き合ってたら誰でも見るし、なんやねん、と訝《いぶか》るとともに、股間を膨らませたのでした。

そのメンチを今でも覚えています。それは、めちゃめちゃメンチを切ってるわけではない、男前に寄せる方のメンチだったんです。しかし、近代的かつ卒業アルバム的な、威圧感のあるものでした。そんな顔をした仏さんがいてはりますので紹介しますね。

奈良の室生寺に行ってください。奥ゆかしくて、とてもいいところです。スマートな五重塔が有名だったりもします。室生寺の金堂には、薬師如来がいてはります。薬師如来がいてはりますと、薬師如来の護衛隊である十二《じゅうに》神将《しんしょう》という兵隊的な仏さんがいてはります。一二体いてはりまして、各々、子《ね》丑《うし》寅《とら》卯《う》辰《たつ》巳《み》午《うま》未《ひつじ》申《さる》酉《とり》戌《いぬ》亥《い》と、干支《えと》で分かれています。みんな、やはり親分の薬師如来を守るために、険しい表情をしてるんですね。その中の、戌の神将を見てください。あの先輩と同じメンチを見ることができます。

未の神将も見てください。親分を守るというより、

「さっきのプールで耳に水入って、なかなか出てこないなあ」

と思案しています。なぜなんでしょうか。

第五章

仏教って
こんなところにもあるんです

「くしゃみ」も実は「仏教用語」なんです

退屈な方便にならないよう精進し、迷惑をかけず、冗談をかましながら、講堂で自然な演説をする人間のように、くしゃみをして、と、ここまで羅列してみたんですが、意味合い的に手詰まりとなりました。

この章に入ってからの、「退屈」「方便」「精進」「迷惑」「冗談」「講堂」「自然」「演説」「人間」「くしゃみ」は、なんとこれら全部が仏教用語なんですよ。つまり、仏教界から日常に流れた言葉なんですね。そういう言葉をうまいこと繋《つな》げて長い文章にしようとしたんですが、欲張って「くしゃみ」を出したところで終了となりました。

意外ですよね。くしゃみが仏教からきた言葉なんですよ。ある時、ブッダが、

「ハ、ハ、ハ、ハックション」

と、一つ大きいのをやりますと、弟子たちが、

「クンサメ」

と唱えたそうなんです。「クンサメ」とは、「長寿」の意味らしいです。インドでは、

くしゃみをすると寿命が縮まるという迷信があったそうで、それで弟子たちは、「長寿」と唱えたんですね。この「クンサメ」が「クサメ」、そして「クサメ」から「くしゃみ」となったみたいですよ。今でも、大きいくしゃみをすると、おじいちゃんやおばあちゃんは、

「よいしょお」

「おうえええ」

と、合いの手をくれますね。あれも、長寿を願ってくれているのかもしれません。

「退屈」もまた仏教用語なんです。元々は、仏道の修行が苦しくて難しくて、努力する気持ちが失せることを、退屈といったそうです。タイの靴ではなかったんですね。めちゃめちゃ笑っていますね。

「冗談」も意外ですよね。仏教において、仏道の修行に関係のない余計な対話のことを、冗談といったそうです。「冗」は、無駄という意味ですから、冗談は無駄話という感じですね。ならば、無駄の多いこの本は、冗談満載の本といえます。これは嬉《うれ》しいことです。

個人的に最も不思議だったのが、「人間」です。こんななんの変哲もない言葉が、

仏教用語だったんです。仏教では、衆生がどの世界に行くかを六つに分けています。地獄、餓鬼、畜生、修羅、人間、天とあります。このうちの、「人間」が人間なんだそうです。

先ほどは出してませんでしたが、「醍醐味《だいごみ》」も仏教用語なんです。「涅槃経《ねはんきょう》」というお経に、五味の説明があるそうです。五味とは、牛乳を精製していくと、まず乳味《にゅうみ》、そして酪味《らくみ》、生酥味《しょうそみ》、熟酥味《じゅくそみ》、最後に醍醐味となり、この醍醐味が最高の味であり、これこそ涅槃の境地だという例えがあります。となると、要はバターですね。これをサンスクリット語で、サルピルマンダというそうで、また一つ下の熟酥味をサルピスというそうで、これにカルシウムを混ぜて、カルピスになったそうですよ。もしサルピスにおならを混ぜてたら、ヘルピスになってたかもしれません。

お寺には「隠れ徳川」がある!

これは知ってる人も多いと思いますので大袈裟《おおげさ》な表現はしませんが、この大袈裟の

「袈裟」は、お坊さんの正装である袈裟からきています。

「坊主憎けりゃ袈裟まで憎い」という諺《ことわざ》もあります。坊主が憎いと、その身につけている袈裟まで憎くなるというところから、ある人が憎いと、その人に関わる全てが憎くなるという意味に転じた諺です。でも、それならわざわざ坊主にしなくても、「料理人憎けりゃ料理まで憎い」でもいいし、「鼻毛一生懸命抜いてる人憎けりゃ鼻毛まで憎い」でもいいわけですよね。なぜ憎まれ者の代表として坊主が選出されたんでしょうか。

江戸時代、幕府は寺請《てらうけ》制度という決まりごとを民衆に徹底し、一人一人がキリシタンではないことを寺に証明させました。本当に徳川家はキリスト教が嫌いだったんですね。日本国民全員を仏教徒にしようとしたんです。今に残る「檀家さん」も、この時に整えられたものです。だからこそ徳川家は、めちゃめちゃお寺にお金を使っています。中にはお金持ちになりすぎたお寺もあったでしょうね。そんなお寺の坊主は、貧乏な民衆からはどうしても嫌われてしまいますよね。それで、嫌われ者代表の汚名を被ったのかもしれません。

さて、東京ディズニーランドに行くと、隠れミッキーというのがありますよね。ミッキーマウスの形をした模様がどこかに隠されてて、それを見つけるとテンションが劇的に上がるやつです。お寺にも、「隠れ徳川」というのがあって、お寺のどこかに葵《あおい》の御紋が隠されていたりします。浄土宗の知恩院などには、隠れ徳川がたくさんあります。隠れ徳川がないお寺もあります。でも、よくお寺の瓦などを見てください。葵の御紋があったりするんですよ。それくらい、徳川家はいろんなお寺と密接だったんですね。

突然ですが、徳川家康という人は、戦国武将の中で本格的に天下泰平を目指していた人だと思うんです。天下泰平とは、戦争のない国家の持続です。だからこその関ヶ原であり、鎖国であり、キリスト教禁止であったと考えられるんですね。賛否両論あると思いますが、ここから、えげつない推測の話をします。

徳川家康は、織田信長の勢力増長により、その支配下に甘んじている時期がありました。信長公は怖い人なので、容易に背けないんですね。そして、信長公は派手な人でもあって、外国の文化を取り入れることが好きでした。だから外国と交流を持っていたんです。この状況は、天下泰平を第一に考えている家康公からすると、危惧するところだったと思うんです。

「あのおっさんのやり方って大丈夫か」

みたいな感じで、周りの武将に相談していたかもしれません。なぜなら、日本は島国かつ東洋の果てであり、振ってないドレッシングの底みたいに、最も文化が集結する土地なわけです。そんな優れたところを、外国が侵略しようとしないわけがないと、家康公は冷静に考えていたと思うんです。なのに信長公は、外国勢力が侵入してくるきっかけを作っている、これはやばい、と焦っていたはずなんです。

他校の強いやつと仲良くなったのはいいけど、その挙句、ただのパシリに使われるのは学生においてよくある話です。相当意志と筋肉を固めておかないと、すぐに調子乗りの強いやつは支配してきます。

だからこそ家康公は、そこそこ賢い学校の喧嘩《けんか》番長である信長公を、なんとかその学校内で抑えたかったと思うんです。そしてその抑える方法こそ、本能寺の変だったのではないかと思うんです。

あら、仏教から大きく離れて歴史ロマン系の話になってしまいました。でも、本能寺はお寺だし、一応仏教の繋がりがあるということで、この先も少しだけ歴史ロマンの話をさせていただきます。

笑い飯 哲夫訳「かごめかごめ」

うちの地元が、そこそこ信長公に所縁のあるところなんですよ。

通ってた小学校の隣に、お稲荷さん兼公園みたいな、通称「しんちょこさん」という広場があったんです。そして、通ってた小学校が「織田小学校」という名前だったんです。なぜそんな名前だったかというと、織田信長の弟である織田有楽斎《うらくさい》の子孫が、その場所にお城のようなものを構えていたからなんですね。ちなみにこの織田有楽斎という人は、茶人でもあり、東京有楽町の語源にもなっています。

こんな感じの小学校でしたから、学校自体が石垣の上に建ってたんです。石垣の石と石の間に空き缶もありました。その真横にあったのが「しんちょこさん」なんですが、この「しんちょこ」を漢字で書きますと、「信長公」となります。つまり、織田信長が祀《まつ》られてあるんですね。

子供の時は、そんなことも知らずに、そこで石蹴《け》りや、靴飛ばしや、飛び降り着地同時へこきゲームなどをしていました。また、かごめかごめもやりました。

「かごめかごめ」は、いつ頃できあがったかも定かではない童歌の題名であり、またその童歌を使った子供の遊びです。一人が中央に顔を伏せて座り、その周りを残りの子が手を繋いでぐるぐる回って、中央の子が真後ろは誰かを当てるやつですね。最近はあんまり見なくなりましたが、子供の頃はそこら中でこんな風景を見かけました。

「うしろのしょうめんだあああれ」

あほみたいにでかい声で言うとるんです。

また、あの童歌の歌詞が不思議な歌詞で、いろんな興味深い解釈が考えられています。ここから先の話はかなり推測のレベルが上昇してまいります。

ということで、「かごめかごめ」の歌詞をオリジナルで解剖させていただきます。

初っ端から「かごめかごめ」とあります。かごめとは、籠目で、竹を編んだ時にできる網の目のことです。この模様は、魔除けなどにも使われ、ここから先は不介入であることを啓示します。ならば、かごめかごめと二回もかごめを使って始まるこの歌は、本来なら絶対それより奥に踏み込んではいけないことを意味しています。つまりこれは、ここから先の歌詞は相当やばいから、最初に呪文を唱えて結界を作ってるんやと思うんです。鳥居みたいな感じです。となるとこのオリジナル解釈自体も、魔除けがなければ先に進めませんので、ここで魔除けしとこうと思います。

「かごめかごめ」

「トマトジュース」

続いて「かごのなかのとりは」と「いついつでやる」ですが、これらはまだ触れずにそっとしておきます。

そして「よあけのばんに」という、一体何時なんだと思わせる歌詞なんですが、この辺から推測を邁進《まいしん》させていきますね。これは、夜明けともいえないし晩ともいえない時刻、つまり、本能寺の変が起こったとされる午前四時頃の時刻を表していると考えられます。

「つるとかめがすべった」は、つるは敦賀を表し、かめは亀岡を表しているとすると、その辺りを治めていたのは明智光秀なので、明智光秀がすべった、となります。そしてこのすべったは、「滑った」ではなく、「統べった」と解釈すると、明智光秀が統べった、すなわち明智光秀が統一した、となります。

そして「うしろのしょうめんだあれ」です。ここで急に仏さんの話に戻ります。いろんな仏さんの中に、十一面観音という菩薩《ぼさつ》さんがいてはります。頭の上に、小さい菩薩さんが一〇個ほどついている仏さんです。ぐるっと一周するような形でついています。そしてその真ん中、つまり頭の最上部に、観音さんが理想とする姿である、阿《あ》弥陀如来《みだにょらい》がどしっといてはります。

また、ぐるっと一周する小さい菩薩さんの一番後ろ、つまり最も背中側の菩薩さんを、暴悪大笑面といいます。単に大笑面ともいいます。世の中の悪を嘲り笑っているそうです。大概の仏さんは、背側に光背という大きいボードがあるので、普段はこの大笑面のお顔を拝見できないんですが、本当に口を開けて笑ってはるんです。稀《まれ》に、その部分だけ光背をくり抜いてくれてて、後ろから見えるところがあります。ほんまに稀です。

以前、「見たら必ず行きたくなる 笑い飯哲夫のお寺案内DVD～修学旅行でなかなか行けない奈良のお寺編～」というDVDを出させてもらったんですが、その中に収録されている法輪寺というお寺では、十一面観音の光背がくり抜いてくれてあって、この大笑面が見えるようになっています。ぜひDVDをお買い上げの上、法輪寺にお参りしてください。

さて、これをふまえると、「うしろのしょうめん」とは、「後ろの正面」ではなく、

「後ろの笑面」だと考えられませんか。これは、後ろで誰かが笑っていたということを表現していると思うんです。では、それは一体誰なんでしょうか。

明智光秀が統一したことを後ろで笑っていた人、それこそ徳川家康だと思うんです。織田信長をやばいと思っていて、天下泰平のためにはやばい人間を殺しても仕方がないと考えていて、しばらく織田信長に侮辱されていた明智光秀をそそのかし、

「あいつ鬱陶しいやろ。この前もハゲや言われてたし、あんたの方が年上やのにいつもおちょくられてるやん。もう殺したったらええやん。殺してくれたら、うまいことして後で面倒みるで」

と、自らは手を下さず、上手に天下をとった人物といえば、やはり徳川家康になるんですよ。

そして、徳川家康が天下人となってからは、参謀的なお坊さんが側近にいたんです。そのお坊さんの名前は天海といいます。そしてこの天海こそ、実は明智光秀ではないかという説があるんですね。「つる」は天の象徴で、「かめ」は海の象徴を表すという説もあります。ですから「つるとかめがすべった」は、天と海、天海が統一したことになりますから、どのみち明智光秀が統一したことになるんですね。

ここで「かごのなかのとりは」の解釈に戻ります。普通に考えたら「籠の中の鳥」ですよね。これをそのまま比喩的に解釈しても、「信長の中に閉じ込められてる家康」となり、結局「とり」は徳川家康を表していると考えられるんです。また家康公は鷹狩《たかがり》が好きでした。鷹狩とは、鷹に獲物を取ってこさせる遊びです。鷹狩が好きな人、つまり鳥が好きな人を「とり」と例えるのは、暗喩の常套《じょうとう》手段ですよね。また、「とり」は「鳥居」のことであると解釈すると、鳥居は神の象徴であり、神といえば、徳川家康は東照大権現という神とされていますから、結局また家康公を表していますし、「かごのなか」を、「御加護の中」と解釈しても、どのみち神っぽいので家康公に繋がると思うんです。

「いついつでやる」は、もちろん「いつ出てくるの」と解釈できますから、徳川家康はいつ出てくるの、という感じだと思います。

ですから、全体を解明するとこんな感じになります。

「怖いこと言うけど守ってください、神様。信長様の支配下に甘んじてる家康様はいつ台頭されるんでしょう、なんてことを思ってましたけど、本能寺の変で明智様が信長様を討たれまして、一気に天下統一したみたいになりましたが、そのことを後ろで笑って見ていたのは、他の誰でもない、家康様なんですよね」

何度も繰り返しますが、これは勝手な推測なので、必死こいて反論とかやめてくださいね。

ただ、「かごめかごめ」の遊びをやってるところを思い出してください。十一面観音の頭の上によく似てませんか。小さい菩薩さんが円状にいて、その真ん中に、阿弥陀さんがいるんです。阿弥陀さんの後ろは大笑面ですから、「かごめかごめ」は十一面観音が好きだった子供が考えた遊びであり、童歌であるかもしれません。

ちなみに、奈良の長谷寺には、大きな十一面観音菩薩がいてはります。そしてその横の方には、家康公をはじめ、徳川家代々のでかい位牌がずらっと並んでいます。これを見てしまうと、徳川家康と十一面観音を勝手に関連づけたくなるんですよね。

徳川家康と明智光秀の関連でいうと、家康の次の将軍が秀忠で、秀忠の次の将軍が家光なんですよ。秀忠と家光です。もし将軍となる子と孫に光秀の一文字ずつを分配していたとしたら、すごくないですか。

また、高野山には奥の院というところがあって、いろんな戦国武将のお墓があるんですね。そこに、明智光秀のお墓もあるんですが、そのお墓の前に、なぜか「國家安全」と彫られた石碑が立っているんです。これももちろん推測ですが、一文字目の「國」と最後の「全」をとると、みなさん、なんと読めますか。「いえやす」なんですよ。もしかしたら、「いえやすが國の全て」ということを表しているかもしれないと思うと、やはり徳川家康と明智光秀の結託が窺えて、びびりますねえ。

ただ奥の院には、別の場所にも「國家安全」の石碑があるので、信憑《しんぴょう》性の低さはやばいです。

「仏滅」は実は仏教と関係ない!?

カレンダーに、大安とか赤口とか先勝とか友引とか先負とか仏滅とか書いてますよね。あれらを、六曜といいます。六つありますもんね。結婚式は大安や友引にして仏滅を避けるとか、お葬式は友引にしてはいけなくて仏滅はかまへんとか、いくつか迷信があります。友引は友を引っ張るから、結婚式はええけど葬式はあかん、みたいなことですね。だから火葬場の定休日も友引の日が多いみたいですよ。

仏滅は、仏が滅すると書きますので、いかにもこの六曜は仏教の思想と思われがちなんですけど、実は全く関係ないんですよ。一応仏教にも仏滅という言葉はあるんですが、それは、単にブッダが亡くなったことを指しますので、この六曜の仏滅とは別物なんです。そもそも、六曜での仏滅は、元々「物滅」と表記したそうです。

しかも、大昔の中国で生まれた思想で、日本に伝わったのは一四世紀ぐらいなんだそうで、あんまり成立起源なども分かってないみたいです。「ぶつ」のところに「仏」の字が当てられることからしても、仏教はなにかとよく混ざり合ってしまうんですね。スジャータみたいだと思いませんか。久しぶりのスジャータだと思いませんか。

こういった暦のことって、知ってるようで知らない話が多いんですよね。でも、知らないよりも知ってる方が渋いんですよね。だから知らなかった時に知ろうとして、知ったんですよ。知ったからには、ひけらかしますよ。本筋とは関係ありませんが、今からしっかりと、ひけらかしますからね。

「やかましい。聞かれたことだけを答えなさい」

と、小学生の時の先生に怒られそうです。

「先生、許してください。読者の方々が、へええ、と言ってくれるかもしれないんです」

　みなさん、高校野球や阪神タイガースで有名な甲子園てありますよね。甲子園は甲子の年に完成したから甲子園なんですよ。それでは今から、甲子とはなにかを説明します。

　甲は甲乙などの甲です。賃貸住宅の契約書などでよく出てきますね。この甲乙などはまだまだあって、甲乙丙丁《こうおつへいてい》戊《ぼ》己《き》庚辛壬癸《こうしんじんき》まであります。全部で一〇個あります。これを十干《じっかん》といいます。十干の読み方は、それぞれもう一つずつあって、甲は「きのえ」、乙は「きのと」、丙は「ひのえ」、丁は「ひのと」、戊は「つちのえ」、己は「つちのと」、庚は「かのえ」、辛は「かのと」、壬は「みずのえ」、癸は「みずのと」といいます。みなさん、気づかれましたか。二つずつセットにすると、頭から、「き」「ひ」「つち」「か」「みず」になるんですよ。あの五行の、木火土金水の順になってるんです。いや、せやけど、金が「か」て、と不快に思われるかもしれませんが、そこは辛抱してください。

　しかも、それぞれのセットは、最初が「え」で終わるもの、次が「と」で終わるものなんです。えと、すなわち干支なんです。十干の「干」と、「支」で干支です。そうなると、支といえば、十二支ですよね。

十二支は、子《ね》丑《うし》寅《とら》卯《う》辰《たつ》巳《み》午《うま》未《ひつじ》申《さる》酉《とり》戌《いぬ》亥《い》です。もちろん一二個あります。つまり一年毎の暦は、先ほどの十干とこの十二支を、一つずつ結合させていくわけなんです。だからまず最初は、甲と子で「甲子《きのえね》」、次の年は、乙と丑で「乙丑《きのとうし》」、そして次の年は「丙寅《ひのえとら》」、というふうに続いていくんです。

　こうやって結合させていくと、どれくらいで一周すると思いますか。これを調べるためには、小学校の時に習った、最小公倍数が役に立つんですね。一〇と一二の最小公倍数です。ちょっと悩みますけど余裕ですよね。六〇です。最小公倍数の六〇年で一周します。暦が戻ります。甲子の年から甲子の年に還ります。だから、六〇歳のことを、還暦というんですね。

　あの球場が完成した一九二四年はちょうど甲子の年だったので、これは暦の最初だし縁起がいいなあとなって、「甲子園」と名づけられたんですね。

「それくらい知ってるわ」

　という方、本当に長々と申し訳ありませんでした。

「お葬式ぐらい、少し笑ってごまかしなさい」

人が死ぬと悲しいのは、今も昔も変わらないことだと考えられます。また、人が死ぬとお葬式がありますが、これについては、今と昔では違いがあるようです。ブッダはお葬式について言及していないということは先述いたしました。でも今やお葬式は、めちゃめちゃ仏ですよね。これも、元々日本にあった風習と仏教が融合してできあがった文化です。

では、元々の日本では、人が死んだらどうしていたんでしょうか。ほったらかしてたんでしょうか。そんなわけないんでしょうか。

まず縄文時代では、やはりほっとけませんので、死者を埋葬していたようです。高校で日本史を選択していた人なら聞いたことがあると思いますが、屈葬が主流だったようです。死者の体を折り曲げて土葬する方法です。なぜこんなえげつないことをしたかといいますと、死者の霊が浮遊しないようにとか、胎児に似せて復活を願ったとか、単に穴を掘るのがめんどくさかったから、などの理由が推測されています。穴を掘るのがめんどくさかったからて、最低な理由が推測されてますねえ。

弥生時代になると、口々に、

「体を折り曲げても復活なんかせえへんやんけ」

「やるだけ無駄や」

と苦情が殺到したこともあり、体を伸ばしたまま土葬されていたようです。そして稲作が始まると、だんだん権力者が現れます。この頃に、お墓という概念が生まれたようです。この権力者のお墓が、とどのつまり、あんなにでかい古墳にまでなったんですね。ただ一般人にはまだまだ墓という感覚は定着してなかったようです。もちろん墓石なんてありません。

そして飛鳥時代になると、一応仏教が伝来してきましたので、ブッダが火葬されたように、火葬の風習も一緒に伝来したと考えられています。しかし、誰しもが火葬をしたわけではありませんでした。やはりまだ肉体の復活を信じる人もいたでしょうし、ちゃんと燃やす技術もまだまだ乏しかったんですね。だから、少数の偉いさんだけが火葬されました。

最初に火葬されたと書物に記されているのが、般若心経《はんにゃしんぎょう》を伝えたといわれる道昭《どうしょう》です。このお坊さんも仏教の思想を熟知し、それによって肉体に執着しないからこそ、火葬にできたんですね。この死生観が、仏教で火葬をする由縁であると考えられます。百人一首の「春過ぎて夏来にけらし白妙の衣干すてふ天の香具山」で有名な持統天皇も火葬されています。

一般人は相変わらず土葬で、しかも法令によって、埋葬する場所が指定されるようになりました。集団墓地という概念の誕生ですね。

奈良時代や平安時代には、偉いさんの間だけで、だんだん仏系のお葬式というものが定着してきたようです。一般人はまだ式典などしません。しかも、死者をその辺にほったらかす人もいたようです。

鎌倉時代になると、末法思想を経て浄土信仰が盛んになりました。お坊さんたちは、ほったらかされた死者を気の毒に思い、ちゃんと浄土に送ってあげようということで、徐々に一般人にもお葬式が定着していったそうです。そうして仏教の死生観や火葬の風習も広まっていきましたが、火葬に関しては技術がまだまだなので、ほとんどの人が依然土葬だったそうです。

江戸時代になると、北枕や、短刀を置くなどの、今でもやるような習わしが定着しました。ちなみに北枕は、ブッダが「体の右側を下にして、西を向いて亡くなった」という伝説を模しています。短刀を置くのは、死者に悪いやつが寄ってくるのを阻止するためだそうです。お墓では、偉いさんの立派な墓石もありましたが、一般人は、卒塔婆《そとば》を立てておくだけという感じが多かったようです。そして、まだ基本的に土葬です。

明治時代には、西洋文化の影響で、喪服がそれまでの白色から黒色へと推移しました。そしてだんだん火葬が一般的になり、大正時代には霊柩車《れいきゅうしゃ》も現れ、現代のようなお葬式やお墓が整ったわけです。

やはり、鎌倉時代に発生、流行した浄土の思想が、お葬式と仏との大きな繋がりを齎《もたら》したように思います。お葬式って見送ってますもんね。必ず極楽に送ってますもんね。うちの家は禅宗の曹洞宗なんですが、見送る四九日間は、

「南無阿弥陀仏《なむあみだぶつ》」

て言うてますもんね。逆に、見送ってるのにもかかわらず、禅宗だからといって一人だけひたすら坐禅《ざぜん》してたら怒られますよね。お葬式の時も曹洞宗のお坊さんが来てくれはりますが、さすがに坐禅はしはりません。

坐禅はしはりませんが、鼓笛隊が持ってるようなシンバルとか、変な音の出る楽器とかを、めちゃくちゃ鳴らしはります。子供の時は、それがおもしろくておもしろくて、不謹慎なのは分かってるけど、笑いを堪《こら》えきれなかったのを覚えています。耐えきれずに、鼻が、

「ギー」

と鳴ったんです。

でもあれは、もしかしたら生きてる者向けの、「悲しいのは当たり前やから、ちょっとくらい笑ってごまかしなさい」というメッセージなのかもしれません。

これも不謹慎ですが、お葬式やからこそおもろいことてあるんですよね。ふりが完璧にできてるんですよ。長時間の正座で足痺《しび》れてる親戚が、お焼香に立った瞬間、大迫力で転《こ》けるのんとかたまりませんよ。また、葬儀屋のおっさんが慣れすぎて、「本日は」と言う前に小さい「あ」をつけて、

「あ本日は」

と言うのならまだ分かるんですが、慣れに慣れを重ねているせいか、前に「い」をつけて、

「い本日は」
と言うのんとか、絶対笑ってしまいますもんね。「い」て、と思いますよ。悲しい式典の、ちょっとした安堵《あんど》なんですよね。

本物の「お盆」はえげつないペナルティだった

子供の頃からお墓参りが好きで、柄杓《ひしゃく》、線香、蠟燭《ろうそく》、マッチなど、大人公認で大人っぽいことができる優越感に酔いしれていました。また、お盆のお墓参りには親戚の人が来て、お墓が賑やかになってるのも好きでした。そして、そんな時こそ素早い線香への着火を褒められたいのに、他の人が先に火をつけていると、むすっとしていました。

では、お盆の起源を説明します。第一章で、ブッダの弟子である目連《もくれん》が、お盆や盆踊りの礎を築いた人だとだけ案内しておりました。この起源については、ちょっと後世に創作された感じが強い話ですが、そういう伝説めいたものも仏教だということで、ご了承ください。

神通力が誰よりも優れていた目連は、自身のお母さんが亡くなってからしばらく経ち、お母さんがちゃんと天上界に生まれ変わっているかを、天眼という特別な力を使って確認しました。するとお母さんは、天上界ではなく、餓鬼道《がきどう》という恐ろしいところにいて、なんと逆さ吊りにされてたんです。「逆さ吊り」のことを、サンスクリット語で「ウラバンナ」といいます。餓鬼道とは、すなわち地獄みたいなところです。

ではなぜお母さんは、そんな恐ろしいところにいたんでしょうか。

生前、お母さんは目連がかわいすぎて、一度貧しい人からお水を乞われた時に、

「だめだめ、これは目連のお水なの。一滴たりともあげないわよ」

と、ケチなことをしてしまったんです。それで地獄行きということになってしまったんです。この時点で、ケチはだめ、人には与えなさい、という教訓がよく示されていますね。

そして目連は、餓鬼道でひもじい思いをしているお母さんに、水や食べ物を与えました。すると瞬く間にそれらは炎と化して、お母さんは、

「A CHI CHI A CHI　燃えてるんだろうか」

と、なにも食べることができませんでした。郷に入れば郷に従えなんですね。郷です。

目連は、師匠であるブッダにこのことを相談します。

「うちのお母さん、どえらいことになっとるんですわ」

するとと師匠は、

「ほな、今度みんなの修行最終日に、お前、なんかおいしいもん、みんなに振る舞ったらええんちゃうか」

と諭しました。

目連はその通り、最終日の七月一五日に、いろんなおいしいもんを振る舞いました。するとと、みんな大喜びでおいしいもんをいただきました。

そして、目連はもう一度天眼を使ってお母さんを訪ねると、お母さんは天上界に登っていきました。目連は喜び、ブッダに駆け寄りました。

「師匠、師匠の言わはった通りにしたら、うまいこといきました」

「そらせや。人々に施してあげると、うまいこといくんや」

これが、今のお盆に繫がる伝説です。身内の死者を極楽に送るために、おいしいもんを施すことが起源なんですね。お盆は、正式には、盂蘭盆会《うらぼんえ》といいます。これは、先ほどの「ウラバンナ」を漢字で音写したものです。なんと、お盆の元々の意味を辿《たど》れば、逆さ吊りだったんです。えげつないですね。こういうことがあって、お盆は、仏壇などにおいしいもんをお供えして、ご先祖さんを供養し、生きてる者も親戚の人らとおいしいもんを食べるんですね。

あれ、盆踊りは、と思われたかもしれません。目連は、逆さ吊りされてたお母さんを救ったんです。そんな状況であれば誰でも、

「よっしゃ、お母さんが助かった」

と、踊りますよね。目連も必ず踊っています。これが盆踊りの起源かもしれませんが、もう一つ、起源を案内しておきます。

平安時代のお坊さんである空也が、より良く念仏を民衆に広めるため、踊り念仏というのをやっていました。前にちょっとだけ触れた、教科書で抜群のインパクトを誇るお坊さんです。これは文字通り、踊りながら賑やかに念仏を唱える方法なんです。民衆も、踊って楽しそうだからやってみよう、という感覚だったんでしょうね。これが、盂蘭盆会と結びついて盆踊りが成立したといわれています。

おいしいもん食べてるやつもおれば、踊ってるやつもおるし、
「踊るあほうに食うあほう、同じあほなら、食うて踊らなそんそん」
と言う人もいたでしょうね。同じような文言のある阿波踊りも、盆踊りの一つらしいですよ。

あれ、なんで七月一五日なん、と思われた読者の方も大勢いらっしゃったと思います。日本のお盆行事がなされる日程は、地域によって様々です。うちの地域では、八月一四、一五日です。関東では七月一五日近辺がお盆だという方も多いと思います。

元々この七月一五日というのは、旧暦の七月一五日だったんです。それが、明治政府によって新暦が採用され、一八七二年一二月二日の次の日が、いきなり一八七三年一月一日になったんです。そのため、暦は季節的に一か月くらい前倒しになったんですね。従来は夏真っ盛りの七月一五日だったのに、梅雨がぼちぼち明けるくらいの七月一五日に変わったんです。こうなると新暦での七月一五日は、お百姓さんにとって農作業がめちゃめちゃ忙しい時期になりますので、それなら気候が近い、八月一五日くらいにやったらええやん、となったわけです。ちょうど一か月遅らせたんですね。

でも、明治政府のお膝元である関東では、勝手に一か月遅らせるなんていう反抗的

な態度を見せるわけにはいきませんから、新暦でも七月一五日にお盆をするところが多いようです。

また、暦の変更にとらわれず、ずっと旧暦の七月一五日にお盆をするところもあるみたいです。沖縄など南西諸島に多いそうです。さすがに明治政府の手が届きにくいから、反抗的に、

「変えるか、そんなもん」

ということかと思いきや、それより、南西諸島の方々はご先祖さんをめちゃめちゃ重んじはりますので、ご先祖さんの大事な祭りの日を、

「変えるか、そんなもん」

という意向が強かったようです。

「お彼岸」がよく分かるリバーサイドストーリー

お盆と同じように先祖の供養をするのがお彼岸ですね。春分の日らへんの春のお彼

岸と、秋分の日らへんの秋のお彼岸がありますね。正式には春分の日を真ん中に前後七日間と、秋分の日を真ん中に前後七日間を、彼岸というそうです。春にはぼたもちをお供えして、秋にはお萩《はぎ》をお供えします。これは、春は牡丹《ぼたん》、秋は萩と、季節の花からきてるみたいです。

また、「暑さ寒さも彼岸まで」といいますね。本当にその通りですね。概《おおむ》ね、暑いのは秋分の日まで、寒いのは春分の日までですもんね。これについては、その通りすぎて、なんでこんなことをわざわざいうんやろ、と思います。

ところで、元々の彼岸の意味は、こういう時期のことではなかったんです。彼岸の対義語は此岸《しがん》です。此岸は此の岸と書き、彼岸は彼の岸と書きます。つまり、此岸はこっち側の岸であり、彼岸は向こう岸のことです。川の両岸を想像してもらったらいいと思います。スナックやキャバクラの多い、煩悩だらけの十三側から、渡りにくい淀川を渡って、労働者が汗を流して働く、煩悩のない中津側に到達したら、その中津が彼岸です。すなわち彼岸とは、悟りの境地のことです。時代を経て、極楽浄土のことも彼岸というようになりました。

淀川の例えでは、大阪近辺の方しか分からなかったかもしれません。そこで、東京近辺の方やその他の地域の方にも、身近な川を出して例えたいところなんですが、あまり川の両岸に詳しくないので勘弁してください。代わりに、冷蔵庫で例えさせていただきます。

冷蔵庫は、滅多に移動させないため、奥にめちゃめちゃ埃《ほこり》が溜《た》まります。手前は余裕で掃除できるので、手前は此岸です。横の隙間もまだかろうじて掃除できますが、奥はなかなかできません。この、横だけ掃除できてる状態が、悟りに向かっている状態です。そして、重たいのを、

「よっこいしょ」

と退けて、奥の埃を全部掃除できた状態が、彼岸です。涅槃《ねはん》です。あそこが綺麗《きれい》になった時って、最高に気持ちいいですね。

ではなぜ、春分の日と秋分の日を、悟りや極楽の「彼岸」にしたんでしょうか。それは、太陽が真西に沈む日だからです。極楽浄土は、西の遥か彼方に存在すると考えられていました。そこで、真西に沈む太陽が極楽浄土の象徴となって、民衆が真西の太陽を拝みだしたことから、彼岸がこれらの日になったんです。そして極楽浄土が先祖の供養と繋がったんです。

般若心経で、「波羅蜜多《はらみった》」という言葉があります。般若波羅蜜多の波羅蜜多です。やや先述してますが、これはサンスクリット語「パーラミター」の音写で、意味は、彼岸に至るということです。至彼岸ともいいます。「般若」は一般的に智慧《ちえ》と訳します。般若波羅蜜多で、智慧の彼岸に至るとなり、一般的に「智慧の完成」と訳されます。

また、般若心経の最後に、「羯諦《ぎゃてい》羯諦《ぎゃてい》波羅《はら》羯諦《ぎゃてい》波羅僧《はらそう》羯諦《ぎゃてい》菩提《ぼじ》薩婆訶《そわか》」という一文があります。この部分の直訳は、「往ける者よ、往ける者よ、彼岸に往ける者よ、まさに彼岸に往ける者よ、悟りよ、幸あれ」となるんですが、ここにも彼岸が出てきましたね。般若心経の最後は、至彼岸へのエールなんですね。そして、いつの間にか、悟ることと極楽へ行くことが一緒になったんです。

悟るとは、全ての煩悩を滅ぼすことです。煩悩がなくなって悟りの境地に到達した人を、仏といいます。死んだら煩悩は滅んでいます。だから死者は仏です。生きている間に仏になっておけば、死ぬという感覚がなくなるのかもしれません。

「縁日」はお寺の特売日

夜店が並んで、ソースの焼けた香ばしい匂いやベビーカステラの甘い香りが漂う縁日って、最高ですよね。一〇代に戻って、アベックで歩きたいと願っても、もう二度とあの頃はやってこないし、この先も老けていくだけで、結局のところ諸行無常を知らされるわけなんですが、縁日って最高ですよね。

では、縁日とは一体なんなんでしょうか。縁とありますが、これは、人間が神仏と縁を結ぶ日のことなんです。薬師如来なら毎月八日、観世音《かんぜおん》菩薩なら毎月一八日など、それぞれの神さんや仏さんによって、縁日が決められています。その日にお寺や神社にお参りをすると、効果が増幅すると考えられていました。特売日みたいですね。

奈良の薬師寺のご本尊はもちろん薬師如来なんですが、薬師寺では、やはり毎月八日に写経会や大般若経転読法要というのをやらはります。転読とは、みなさんなんとなく見たことあると思うんですが、お経の書いてあるあのアコーディオンみたいな本を、本当にアコーディオンの名手みたいに、手を広げて上から下へペラペラ落としていく読み方なんです。もちろん読んではりません。お経の題名みたいなのを言うてはるみたいです。なんせ、あのかっこええやつです。なぜこんなお経の上げ方をするかというと、大般若経が六〇〇巻にも及ぶので、それを全部唱えてたら、どえらいことになるからです。これも全て、玄奘三蔵《げんじょう》がまとめた経典です。ちなみに、この六〇〇巻をコンパクトにしたものが、般若心経だといわれています。その般若心経を分かりやすく解説したものが、『えてこでもわかる 笑い飯 哲夫訳 般若心経』だといわれています。何回それ宣伝すんねん、と読者に思われています。

あかんことをあかんと言えるのが本当の仏教

『えてこでもわかる 笑い飯 哲夫訳 般若心経』の最後で、ええことを書きました。一三九ページのやつです。「ドンペリをこぼしたらあかん」とかを羅列させてもらいました。例えていろいろ書いたので硬い説明をしてなかったんですが、実は、これは、十善戒という仏教の戒めのことを書いたんですよ。こういうふうに改めて具体的な紹介をして、まだそっちを読んでない方に、買ってもらって読まそうとしています。

十善戒とは、不殺生、不偸盗《ふちゅうとう》、不邪淫、不妄語、不綺語、不悪口《ふあっく》、不両舌、不慳《ふけん》貪《どん》、不瞋恚《ふしんに》、不邪見、です。不殺生とは殺さないことです。もちろん自分も殺してはいけません。不偸盗とは盗まないことです。不邪淫とは、余計なほど淫らなことをしないことです。不妄語とは嘘《うそ》をつかないことです。不綺語とは、よく分からないことを言わないことです。不悪口とは悪口を言わないことです。不両舌とは二枚舌を使わないことです。不慳貪とは欲張らないことです。不瞋恚とは異常に怒らないことです。不邪見とは、間違ったものの見方をしないことです。

大体こんな感じですが、各々具体的な例えを知りたいとなると、どうすればいいと思いますか。それは、ヨシモトブックスから販売されている『えてこでもわかる 笑い飯 哲夫訳 般若心経』一三〇〇円を買って、一三九ページを読んでもらえれば分かります。再び商売をしております。不快な思いをされた読者の方、本当に申し訳ございません。しかし、不商売は十善戒に入っておりません。

「でも、欲張ってるから不慳貪にひっかかるやないか」

という意見には、

「んまんまんまあ」

と言い返します。

「そんなもん不綺語にひっかかっとるやないか」

という意見には、

「すみません」

と言います。「すいません」ではなく、「すみません」と、ちゃんとした言葉使いで言います。

そこでみなさん、この十善戒を極めると、どうなると思いますか。これがね、なんとね、予想なんですけどね、菩薩になれるんですよ。

「菩薩になれる」という部分は、やはりダサい表現だったでしょうか。こんな終盤で雑学をほりこむべきではないと思いますが、この「ダサい」という言葉の語源は、「田舎」からきてるんです。「田舎い」で、だしゃいと読みます。そこからダサいとなったそうです。語源なので諸説あります。でも昨今、田舎の方がダサくないと思うところが多々あります。

電車でうるさい子供、それに対して怒らない親、煙草をポイ捨てする未成年、優先座席に堂々と座る若者、邪魔になるところでスケボーやってるやつ、ファミレスの隣で人道的に間違ったことばっかり喋《しゃべ》ってるやつ、あからさまにいじめをしてそうなやつ、そんなやつらに叱れますか。いきなり注意できますか。難しいですよね。

これができなくなったのは、だめな文化だと思うんです。

昔はもっと、そこら中のおっさんが子供に怒ってたと思うんです。自分の子、よその子の区別なく、全体的に悪いことは悪いとして叱っていたはずなんです。小学校の隣に、しょっちゅうボールをほりこんでしまう家がありました。その家のおっさんなんか、毎日よその子にブチぎれてましたもんね。ただ、窓ガラスが割れたり、盆栽が崩れたり、便所の戸に穴があいたり、散々な目にあってはりました。

必ず仏教は、全体と個を、同じように捉えることを目指しています。全部が溶けて一緒になってる感覚です。カレーです。個を重視しすぎた現代では、ご近所さんの子供に叱ることすらできなくなりました。各々が、固形、固形、固形、固形と勘違いするようになってしまいました。

でも、もう一度、天《てん》や明王《みょうおう》みたいに怒ってあげましょうね。時代がどうであれ、あかんことには叱ってあげるのが当たり前という文化にしましょうね。愛情があるから叱咤できるんですもんね。そんな時代が前にあったし、それが仏教国の使命だと思うんですよ。全体と個を同じように考え、みんなと自分は一緒、自分とみんなは一緒、他人があかんようになるのは、自分があかんようになるのと一緒だと捉えなあかんと思うんです。叱るのは優しさです。

そうしていれば、みんな菩薩になると思うんですよ。みんなに優しくすることは、自分のためにもなるんだと達観できるはずなんです。

そして、本当にみんなが菩薩になった時、菩薩はどうなると思いますか。菩薩は如来になるんですよ。つまり、みんな如来になるんですよ。誰も怒らなくてもいいし、誰も無駄な悪いことをしない社会になりましたね。みんなで大きい船に乗ったんです。鎮護国家を目指した先人も、そんな感覚やったはずです。

ブッダも、人々を苦から救おうという観点から、とどのつまり、より正しく生きることを奨励したんです。学校の先生も、必ず正しく生きることを勧めはりますね。そう考えると、二四〇〇年も昔の人が、今に続く授業をしてくれていたことになります。すごくないですか。読者のみなさんもそうだと思いますが、仏舎利に会いたくなってきましたね。

「先生」

「先生」

と、仏舎利に集まるみなさんの様子が目に浮かびます。そして、

「うるさい。お寺では静かにせえ」

と、先生に怒られる姿も目に浮かびます。しかも先生は、怒ってそうで、怒ってないんですよね。

これは関係ありそうでない話ですが、いや、関係あると関係ないのちょうど中道をいく話ですが、子供ができて、子供が悪さをしたら、しょっちゅう、

「罰当たんで」

と言って、かわいい頰っぺたに鼻くそをなすりつけてやろうと思っています。子供が改心して、それを言う必要がなくなった時には、

「よしよしよしよしよし」

と、めちゃめちゃ頭を撫でてから、鼻くそのなすりつけ合いだけして遊ぼうと思っています。

おわりに

長いこと読んでいただきまして、本当にありがとうございました。さぞかし読み辛かっただろうとお察しします。ところで、まだもう少しだけ読みにくい文を用意しましたので、よろしければお読みください。

しかしながら、とんでもない歴史がこの地球には刻まれています。この後も刻まれていきます。そして全ては、一瞬一瞬乱舞する花火のように勢いよく咲いて、刹那《せつな》に消えていきます。そんなことを繰り返しています。そんな繰り返しを、超人類になって全部眺めてみたいと思いませんか。超人類てねえ。今どきねえ。

おそらくブッダは、超高性能ビデオカメラを持っていたと思うんです。そして、そのカメラを固定し、レンズをずっと同じところに向けて、一億年録画し続けたと思うんです。一億年定点カメラです。そしてその録画した一億年を、超高速再生して、僅か三分で観たんだと思うんです。えげつない早送りです。そうすると画面にはなにが映ると思いますか。

ちなみに、先ほどの段落で書いたことは、例えです。実際にブッダが超高性能ビデオカメラを持っていたとは思っていません。暗喩の技法です。ブッダの瞑想《めいそう》が多分こんな感じだったかもしれないと思うんです。では、一億年を三分で観たらなにが映ってるんでしょうか。

確実に諸行無常《しょぎょうむじょう》が映っているんですよ。諸法無我《しょほうむが》も映ってますよ。ぼおっとした色が、ただただ推移していくような映像なのかもしれません。これを観れば、ずっと存在するものなんかないんだなと理解できるはずです。ということは全部実体がないんだなと納得できるはずです。なるほど、だから全部一緒なんだなと悟るはずなんです。これが涅槃寂静《ねはんじゃくじょう》の境地だと思うんですね。

これをふまえても、ふまえなくても、今、自分があるのは本当に偶然なことです。偶然のことで、こんな意識というものを抱いてるんです。その意識が意思をもって意見を述べますが、やはりあらゆるご先祖さんに感謝すべきです。ご先祖さんのおかげで、今こうしてるんです。ご先祖さんは、神さんであり、仏さんです。

先の戦争があった時代、日本の兵隊は奇襲や特攻をし、世界的に非難の対象となりました。しかし、その人たちはどんな思いであったか、ご存知ですか。自分の命を顧みず、今後の日本と、今後の日本に生まれてくる子供たちのために戦ってくれていたんです。自分の命を捨ててるんですよ。日本のため、後々の日本人のために、いつかくる平和な日本に暮らす人たちのために、死んだんです。感謝するのが当たり前ですよね。

そんな尊い命とも繋《つな》がってるんです。全部繋がってて、全部元々一緒なんです。あんな人こんな人と繋がってるのって、嬉《うれ》しくないですか。英雄たちと繋がってるんです。紫式部とも繋がってるんですよ。となると、ブッダとも繋がってるんですよ。ザビエルの禿《は》げている部分とも繋がってるんです。電車で横に座ってきた、わきがのおっさんとも繋がってるんです。その辺に倒れている人とも繋がってるんです。自分はみんなで、みんなは自分なんですね。だからみんなに優しくしましょうね。これが慈悲です。慈悲って素晴らしいですね。

さて、笑かす商いをしておりますのに、少々硬いことも書かせてもらって、非常に気まずい思いをしております。舞台に来ていただけましたら必ず笑かしますので、今後もよろしくお願いします。

みなさんのご慈悲によってここまで読んでいただけましたこと、本当に感謝しています。ありがとうぐおぜええむわあしだああ。

笑い飯 哲夫（わらいめし てつお）

1974年奈良県出身。関西学院大学文学部哲学科卒業後、2000年に西田幸治とお笑いコンビ「笑い飯」を結成し、2010年にM-1グランプリ優勝を果たす。

幼い頃から般若心経に関心があり、独学で仏教について研究する。写経している姿を多くの芸人に目撃されるようになり「仏教好き」を公表すると、各地から講演依頼が殺到。2011年には東大本郷キャンパスにて「笑い飯 哲夫のおもしろ仏教講座」を開講し、500人以上の東大生を前に熱弁をふるった。テレビなどのメディアでも仏教の魅力をこれまでとは異なるスタイルで伝えている。2015年より奈良国立博物館の文化大使を務めている。日本古来のものに関心が強く、花火にも造詣が深い。得意科目は日本史。

著書に、『えてこでもわかる 笑い飯 哲夫訳 般若心経』『花びらに寄る性記』（ともにヨシモトブックス）がある。

ブッダも笑う仏教のはなし

2016年1月10日　初版発行
2018年2月25日　第7刷発行

著　者　笑い飯 哲夫
発行人　植木宣隆
発行所　株式会社 サンマーク出版
東京都新宿区高田馬場2-16-11
（電）03-5272-3166

印刷・製本　中央精版印刷株式会社

定価はカバー、帯に表示してあります。落丁、乱丁本はお取り替えいたします。

ISBN978-4-7631-3509-4　C0014
ホームページ　http://www.sunmark.co.jp
携帯サイト　http://www.sunmark.jp